자폐아동과 함께하는
사회상황 이야기

문소영 · 이상훈 공저

학지사

"엄마! 이야기책 사 왔어요? 다음은 몇 번이에요?"

큰딸이 반짝이는 눈으로 나를 보며 말을 하고 있습니다.

"네? 다음은 몇 번이에요?"

눈빛을 반짝이며 또 말을 건넵니다. 우아!

"엄마가 다음 번은 아직 안 만들었어. 곧 만들어 줄게! 기대하시라!"

얼굴을 찌푸리는 딸. 정말 귀엽습니다.

"에이……, 난 이야기책 좋은데……."

실망하는 모습도 정말 예쁩니다.

엄마와의 이야기 시간을 기다려 주다니 얼마나 고마운지…….

"이 아이의 자폐는 평생 갑니다."

진단 때 들었던 의사의 냉랭하면서도 엄숙한 목소리가 아직도 생생합니다. 당시에는 눈 한번 맞추려면 양손으로 얼굴을 붙잡고 고개를 돌려야 했던 아이. 그랬던 큰딸 슬기(가명)가 이제는 다가와 눈을 맞추고 이야기합니다. 자폐아동을 양육하는 분들은 이 감격의 의미를 알 수 있을 것이라 생각합니다.

요즘 슬기는 유치원이 좋다고 말하며 유치원에 가려고 옷을 찾아서 입습니다. 교회 유치부에 가기 싫다고 울음을 터뜨리던 아이였는데 요즘은 "유치부 가요, 엄마!"라고 재촉합니다. 놀이터에서 모래흙만 파던 아이가 놀이터에 있는 또래들에게 다가가 인사를 먼저 하고 함께 놀자고 말을 겁니다! 자폐아동인 우리 아이가 주변 사람들이 좋다고, 친구가 좋다고 합니다.

이러한 슬기의 변화에는 '사회상황 이야기'가 함께 있었습니다.

끊임없는 진단과 치료들로 지친 우리 부모들에게 새로운 무엇이 부담스러울지 모르겠습니다. 저도 진단 직후 여기저기서 이루어지는 부모교육이나 상담을 다니며 도움을 얻기도 했지만 일상생활에 밀접한 내용이 늘 부족하다고 느꼈습니다. 그러다 결국 부모프로그램이나 새로운 중재프로그램들로도 '자폐아동인 우리 아이의 사회성은 어쩔 수 없구나…….' 라고 낙담하던 중이었습니다.

그런 와중에 Carol Gray의 『The New Social Story™ Book』을 접하고 아이에게 맞는 새로운 중재에 대한 희망을 가지게 되었습니다. 특히 예전에 미처 생각하지 못한 아이 입장이나 생각들에 대해서 조금 더 이해할 수 있게 되었습니다. 책 속에 수록된 다양한 이야기를 보면서 아이가 한 살씩 나이가 들면서 학교나 사회에서 어떤 어려움을 가지게 될지 조금씩 예상할 수 있게 되었습니다.

그러나 Gray의 원저에 대한 번역서가 없어서 스스로 번역을 하면서 슬기에게 시급한 것은 새로 제작해야 했습니다. 처음엔 힘들었지만 이 과정에서 우리 아이의 어려움을 구체적으로 보는 눈을 가지게 되었습니다. 이야기 하나하나에 재미와 깨달음을 반복하면서 만들다 보니 어느새 상황마다 아이에게 사회상황 이야기 문장을 술술 말할 수 있게 되었습니다. 그 결과로 얻은 아이와의 외출에서 얻는 기쁨, 아이의 돌발행동에도 감정을 조절하며 대할 수 있는 변화들은 놀라웠습니다.

물론 슬기는 여전히 자폐 성향들을 가지고 있습니다. 그리고 치료중재들도 계속하고 있습니다. '사회상황 이야기'를 몇 번 만들고 읽어 준다고 해서 문제 있는 모든 부분이 갑자기 개선되고 치료되는 것은 아닙니다.

다만, 하루하루 '사회상황 이야기'를 만들어 아이와 함께 읽어 가다 보면 치료와 일상에 다리를 놓아 자폐 성향은 치료받고 고쳐야 할 문제가 아니라는 사실을 새삼 깨닫게 되고, 아이가 가진 나와 다른 시각을 함께 공유하여 아이 입장에서 주변을 이해하고

새롭게 볼 수 있게 됩니다.

　이 책은 평범한 엄마로서 '사회상황 이야기'를 일상생활에서 활용했던 경험을 소개하여 자폐아동의 부모나 교사가 양육하고 교육하는 바쁜 와중에도 쉽게 활용할 수 있도록 제작과정과 실제 이용 사례를 담아 제시하고자 했습니다.

　제1장은 사회상황 이야기를 만나서 특별함을 느끼게 된 배경에 대한 이야기입니다. 제2장은 사회상황 이야기를 소개하고 실제로 사용한 과정을 소개합니다. 제3장은 사회상황 이야기를 실제로 만드는 방법을 소개합니다. 제4장은 사회상황 이야기를 사용하면서 경험한 가족의 변화에 대하여 소개합니다. 제5장은 여섯 살 슬기를 대상으로 실제로 사용했던 '사회상황 이야기'를 제시했습니다.

　보다 많은 부모와 교사가 다양한 연령별로 '사회상황 이야기'를 만들어서 우리 아이들의 시각에서 사회상황을 경험하고 나누면 좋겠습니다. 장애아동이니까 어쩔 수 없다고 분리하기보다는 자폐 성향을 가진 아이들의 독특한 시각을 함께하며 새롭게 주변을 이야기해 나가는 것은 정말 의미 있는 일이 될 것입니다. 유아기부터 학령기를 넘어 청년기, 중년기, 노년기까지 연령별로 다양하게 만들어진 '사회상황 이야기'가 모여, 우리 모두가 지금뿐만 아니라 미래 아이들의 세계에 더 가까이 다가갈 수 있기를 소망합니다.

　마지막으로 이 책을 출간할 수 있게 허락해 주신 학지사 김진환 사장님과 읽기 편안하게 다듬고 꾸며 주신 이혜진 선생님, 그리고 편집부 여러분들에게 감사를 드립니다.

2016년 10월

대표저자 문소영

들어가며 / 3

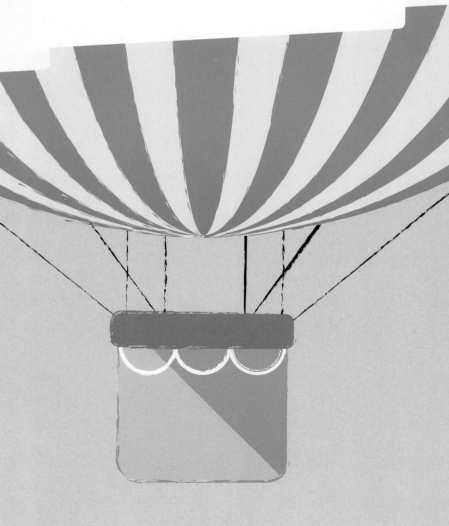

제1장

'사회상황 이야기'라고?

1. 친구 사귀기가 어려운 아이

대부분의 자폐아동은 친구 사귀기가 어렵습니다. 경우에 따라서 친구가 필요 없다고 느끼는 것 같기도 하고, 친구가 필요하지만 어려워하는 것 같기도 하고 여하튼 친구 사귀기에 어려움을 보입니다.

친구 사귀기는 유아기부터 자연스럽게 이루어지는 과정이라 합니다. 각종 매체나육아 서적들을 보면 유아기 사회성은 친구 사귀기에서 나타나고 미래의 성공을 예상할 수 있는 척도가 된다고 하기도 합니다.

매번 유아기의 사회성이란 말만 듣게 되면 눈앞이 캄캄해졌습니다.

'우리 슬기는 앞으로 어떡하나…. 학교는 다닐 수 있을까? 직업은 가질 수 있을까?'

자폐아동인 우리 아이의 미래에 대한 그림이 보이지 않아 불안과 걱정으로 답할 수없는 질문들이 계속 머릿속에 쌓여 갑니다.

슬기와 동생 슬비는 놀이터에 가면 확연한 차이를 보입니다. 슬비는 놀이터에 가면아이들이 있기만 해도 금방 친구가 되곤 합니다. 방금 만난 또래와 상상을 공유하며단번에 함께 놀며 친구가 됩니다.

그런데 놀이터 한쪽에서 잘 보이지 않는 작은 성을 만들며 혼자 있는 슬기는 자폐성장애 아동입니다. 혼자 모래흙을 계속 파서 큰 구덩이를 만들거나 주변의 작은 돌멩이를 열심히 찾아다닙니다. 때때로 또래가 다가와 함께 돌멩이를 찾고 구덩이를 파면서 이야기를 건네기도 합니다.

　"너 몇 살이야? 나랑 같이 놀래?"

　"근데 너는 뭐 만들고 있는 거야?"

　"야! 너 몇 살이냐고?"

　"그래 너 혼자 놀아. 나 간다!"

　여러 번 물어보는 또래의 말에도 못 듣는 것처럼 자기 놀이에 몰두한 슬기. 어떤 때는 적극적이라고 할까, 짓궂은 아이가 집요하게 슬기를 쫓아다니기도 합니다. 그럴 때면 모아 놓은 돌멩이들을 조용히 내려놓고 고개를 슬며시 돌리며 도망치듯 저에게 뛰어오거나 미끄럼틀 밑으로 숨어 버립니다.

　놀이터에 가면 언제나 쓸쓸한 마음을 안고 돌아오게 됩니다. 일반 아이들이라면 함께 있기만 해도 금방 친구가 되는 것을⋯⋯. "우리 아이는 왜 도망칠까? 사람을 싫어하는 것일까? 이대로 괜찮은 걸까? 아이가 앞으로 언제까지나 사람을 못 사귀면 어떻게 하나?" 매일의 두려움이 차곡차곡 하나둘 쌓여 산이 되어 갑니다.

2. '사회상황 이야기'에 특별함을 느끼다!

　슬기의 친구 사귀기를 고민하면서 자폐아동의 사회성 중재에 관련된 정보들을 열심히 찾기 시작했습니다. 그러던 중에 교수님의 소개로 미국의 특수교사 Carol Gray가 개발한 '사회상황 이야기'라는 것을 처음 접하게 되었습니다. 당시 국내에 번역된 제작 지침서가 없어서 아마존에서 2010년 판 『The New Social Story™ Book』을 구하여 읽었습니다. 이야기들을 보자마자 '바로 이거야!'라는 탄성이 나왔습니다.

　상식적으로 친구 사귀기는 또래친구와 만나 싸우고 화해하고 놀며 자연스럽게 이루어지는 과정이기에 또래그룹이 필요합니다. 하지만 매일 개별 치료를 다니느라 치료사들 위주로 사람을 만나게 되고, 주변 사람들에게 관심이 없는 듯 무반응으로 일관하는 슬기와 같은 자폐아동은 또래그룹에 막상 참여하더라도 친구와 놀고 있다거나 만나는 장면이 별로 없습니다. 슬기도 또래그룹과 상관없이 혼자 놀이에 빠져 있는 경우가 대부분이었습니다.

슬기가 또래와 사귈 수 있도록 도와주고 싶어서 처음엔 사회성 동화 그림책을 구해 집에서 읽어 주었습니다. 읽다 보니 사회성 그림책들은 친구 사이의 갈등상황을 문제로 만들어 해결해 가는 전개가 많았습니다. 예를 들면, 친구가 내 이름을 부를 때 대답을 하지 않으면 친구가 속상해한다는 것을 주제로 이야기를 전개하는 등의 방법이죠. 일반아동들에게는 친구가 속상한 상황이 더 효과적인 전달이 될 수 있겠지만 자폐아동인 우리 아이는 달랐습니다.

슬기는 해결과정을 듣기도 전에 사소한 갈등상황에도 거부반응이 심하여 즉시 그림책을 던져 버리거나 숨기는 경우가 다반사였습니다. 그래서 갈등을 해결해 가는 그림책의 주제를 전혀 전달할 수가 없었습니다. 게다가 동화책에는 아동에게 친숙함을 주기 위해 동물이 주인공으로 등장하는 경우가 많습니다. 하지만 우리 아이는 사자나 늑대, 벌레 같이 싫어하는 동물들이 한 번이라도 나오면 책을 무조건 덮어 버렸습니다. 사회성 그림책에 말썽쟁이 캐릭터가 종종 무서운 동물로 나오는 경우가 많은 것도 힘든 점이었습니다.

다음에 시도한 것은 사회성 관련 동영상이었습니다. 하지만 슬기는 동영상을 시청하다 또래관계에서의 갈등상황 장면이나, 물건을 잃어버리거나 고장이 나서 난처한 장면 등이 나오면 화면을 꺼 버리고 무섭다며 심하게 울었습니다.

저는 이러한 과정을 통해 슬기에게는 사소한 좌절이나 난처한 상황을 느끼기 전에 친구 사귀기를 배울 수 있는 뭔가가 필요하다고 느끼던 중이었습니다. 그리고 바로 '사회상황 이야기' 문장 지침에 그 대안이 있었습니다!

Carol Gray에게 얼마나 감사하던지!

사회상황 이야기에는 자폐아동과 함께 있을 때 아이에게 설명하기 어려운 점들을 간단하고 쉽게 알려 주는 이야기들이 있었습니다. 예를 들면, 눈을 맞춰 이야기하는 것, 대답하는 것, 인사하는 것, 웃는 것, 줄 서는 것, 변화에 관한 것, 불편함에 관한 것 등입니다.

게다가 아이에게 앞으로 닥칠 것이라 막연히 예상하면서 두려워하고 있던 사회적 상황들에 대하여 설명해 주는 많은 이야기는 더욱 매력적이었습니다. 예를 들면, 놀릴 때 대처하는 법, 허락 구하는 법, 나누는 법 등에 대한 이야기입니다.

사회상황에서 어떻게 행동하면 좋은지 상세하면서도 편한 어조로 제시해 주는 이야기들을 읽다 보니 아이가 어떤 점에서 어려움을 느꼈을지 그동안 전혀 깨닫지 못하던 부분들이 보이기 시작했습니다. 학교생활에 대한 이야기와 일상 이야기들은 아이가 앞으로 어떤 부분에서 힘들어할지 예상할 수 있도록 해 주어 고마웠습니다. 이야기 한 편마다 자폐아동의 일상 사례들이 녹아 있다는 것을 체감할 수 있었습니다. 무엇보다 강한 매력은 이야기마다 품고 있는, 이야기를 읽는 당사자인 자폐아동을 향한 배려심이었습니다. 이 특별함은 무엇일까요?

3. 사회상황 이야기의 비밀, '배려심'

'사회상황 이야기'는 자폐아동의 정서를 고려하여 가장 적합하게 구성된 문장으로 언제나 자폐아동에게 정서적인 안정을 줄 수 있는 편안한 어조를 유지하는 것을 지침으로 하고 있습니다. 따라서 아동이 편안한 느낌을 유지할 수 있는 대안적 어휘를 사용하도록 합니다.

예를 들면, '친구가 내 이름을 부를 때 대답을 하지 않으면 친구가 속상해요.' 보다는 '친구가 내 이름을 부를 때 대답을 해 주면 친구의 기분이 좋아요.'라고 제시하는 것입니다. 일반 아이들의 마음엔 '속상해요'를 느끼는 것이 가벼운 일일 수 있습니다. 하지만 슬기 같은 자폐아동의 마음에서 '속상해요'를 느끼는 것은 방망이로 온몸을 맞는 것과 똑같으며 울화행동을 일으키는 원인이 될 수도 있습니다. 이유는 알 수 없지만

'속상해요' 라는 단어에 감정이 과몰입된 것이 아닐까 추측만 할 뿐입니다.

'사회상황 이야기' 에는 긍정적인 언어와 부드러운 어조가 유지될 수 있도록 문장 사용에 특별한 지침을 제시하고 있습니다. 지침에 따라 문장을 연습해 가다 보면 자연스럽게 자폐아동의 정서를 고려한 문장을 익히며 배려심 있는 이야기를 표현할 수 있게 됩니다. 이 책의 제3장을 읽고 함께 연습해 보면서 문장을 만들어 보세요. 역서『자폐증ㆍ아스퍼거 증후군 아동을 위한 사회성 이야기 158』(2016)을 참고하면 문장의 정의와 작성법 등에 보다 상세한 도움을 받을 수 있을 것입니다.

실제로 우리 아이의 일화에서 평상시 쓰던 지시어들을 '사회상황 이야기' 문장 지침을 알고 난 후 바꿔 쓴 예를 소개하도록 하겠습니다. 자폐아동에게 특별한 '사회상황 이야기' 문장의 배려심을 느낄 수 있으면 좋겠습니다.

| 일화 |

> 슬기는 최근 가족과 TV를 볼 때마다 갑자기 화면의 전원버튼을 꺼 버리는 행동을 합니다. 전원을 켜면 10분도 안 되어 무섭다고 하면서 화면을 꺼 버려서 가족이 화를 내게 되었습니다. 동생은 울면서 "엄마, 언니한테 화내요! 제발!"이라고 하고, 아빠는 "슬기야! 그만 좀 해!"라고 큰소리를 내게 되었습니다.
>
> 이럴 때 아이에게 어떻게 말하면 좋을까요?

"슬기야, 같이 보는 데 TV를 갑자기 끄면 어떡해요. 그러지 마세요."

아이가 전원을 끌 때마다 화난 목소리를 자제하며 평상시 제가 쓰던 표현입니다. 5분마다 TV를 끄며 가족의 부아를 돋우는 아이에게 이 정도면 충분히 부드럽게 말하고 있다고 생각했었습니다. 하지만 슬기는 TV를 갑자기 끄는 행동을 좀처럼 멈추지 않았습니다. 가족은 TV 보기를 포기하거나 전원을 끄려는 슬기를 붙잡고 TV를 봐야 해서 불편이 이만저만이 아니었습니다.

그럼 이 상황에서 '사회상황 이야기' 문장을 이용하여 아이에게 어떻게 말하면 될까요?

> "슬기야, 지금은 아빠와 동생과 TV를 보고 있어요.
>
> 때때로 무서운 장면이 TV에 나오지요?
>
> 혼자서 볼 때는 TV를 꺼도 좋아요.
>
> 아빠와 동생이 같이 볼 때는 이불을 덮거나 손으로 눈을 가려요.
>
> 엄마 뒤로 와서 숨어도 좋아요.
>
> 그러면 아빠와 동생과 엄마는 기쁠 거예요.
>
> 슬기는 TV에서 무서운 장면이 나올 때 이렇게 할 수 있을 거예요."

이 예가 '사회상황 이야기'의 문장 지침을 모두 갖춘 것은 아니지만 '사회상황 이야기' 문장을 익히면서 자연스럽게 나온 표현입니다. 한 문장으로 쉽게 말할 수 있는 것을 장황하게 표현한 것 같지만 화내지 않고 차분하게 상황을 설명하고 대안행동을 전달하여 문제행동을 줄이는 데 큰 효과를 보았답니다. 이 사례로 '사회상황 이야기' 문장의 배려심을 조금이라도 느끼셨다면 다음 장부터 '사회상황 이야기' 만들기가 더 흥미로우실 것 같습니다.

문장 작성 지침을 읽는 것만으로 이해가 잘 되지 않을 수도 있지만 '사회상황 이야기'를 직접 몇 편 제작하면 자연스럽게 사용하실 수 있을 것입니다. 제작한 이야기를 읽어 줄 때 문장 지침에 충실한 '사회상황 이야기'일수록 즉각적인 변화가 나타나는 것을 경험했습니다. '사회상황 이야기'는 Carol Gray의 10단계 문장 작성 지침을 보고 다양한 이야기를 읽다 보면 저절로 친숙해지게 됩니다.

제2장

'사회상황 이야기'를
이용하기 전에

1. '사회상황 이야기'는 무엇일까요?

　'사회상황 이야기'는 자폐아동의 정서를 고려하여 일상생활, 바람직한 행동, 상식적인 사회적 상호작용 등을 알려 줍니다. 특히 상대방의 표정으로 기분을 파악하고 자신의 마음을 표현하기 어려운 자폐성장애 아동의 독특한 특성을 고려하여 사회상황에 대하여 스스로 조절하도록 지원하기 때문에 효과적입니다. 자폐아동이 좋아하는 그림이나 매체와 결합하여 융통성 있게 제작할 수 있고, 이야기 제작방법이 간단하며, 비용이 거의 들지 않기 때문에 부모나 교사가 일상생활에서 실행하기 용이합니다.

　미국의 특수교사인 Carol Gray에 의해 처음 제안된 사회상황 이야기는 자폐아동이 사회적 상황에서 사람들이 무엇을 생각하고 느끼고 행동하는지에 대한 정보를 제공하고 상황의 흐름을 설명하며, 중요한 사회적 단서나 의미들을 파악하고 그 상황에서 적절한 행동이나 말이 무엇인지 알려 주는 대본과 같은 역할을 제공합니다. 사회상황 이야기는 주어진 상황에서의 사회적 정보를 정확하게 이해할 수 있도록 도와주고, 적절한 상호작용을 시작하고 반응하고 유지하기 위해서는 어떻게 행동해야 하는지에 대한 지침을 제공하여 자폐아동의 사회적 적응을 돕습니다. 최근 사회상황 이야기는 광범위하게 활용되는 인기 있는 중재방법이 되었고, 자폐아동의 통합을 촉진하기 위한 적절한 전략으로 자주 추천되고 있습니다(문소영, 2015).

　이제 슬기에게 시행했던 '인사하기 이야기'를 예로 설명하겠습니다.

슬기는 사람들과 인사를 잘하지 못했습니다. 특히 헤어질 때와 만날 때를 구분하는 인사말을 어려워했고, 인사할 때 지나치게 얼굴을 가까이 하거나 혼잣말로 중얼거리듯 작은 소리를 내기도 했으며, 방금 인사한 사람을 다시 볼 때마다 매번 인사하는 등 상식적인 인사하기 방법에 어려움이 많았습니다.

슬기에게 올바른 인사 방법을 어떻게 알려 주면 좋을까요?

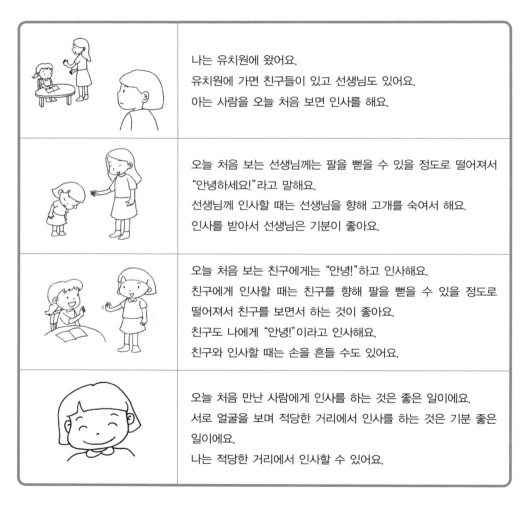

〈그림 2-1〉 인사하기 이야기

〈그림 2-1〉의 '인사하기 이야기'에 제시된 것처럼 인사말은 선생님과 친구에 따라 구분해서 하면 좋다는 것, 팔을 뻗을 수 있는 정도로 '적당한' 거리를 유지하고 얼굴을 보며 하는 것이 좋다는 것, 오늘 처음 만난 사람에게만 인사한다는 것을 이야기와 그림을 통해 알려 줄 수 있습니다.

슬기는 아침마다 유치원 등원 전에 5분 이내로 짧게 '인사하기 이야기'를 읽고 등원하였습니다. 슬기는 자폐 성향인 기계적 암기력 덕분에 한 번만 듣고도 중얼거리듯 쉽게 암송을 하였는데, 암송을 한다고 해서 내용을 이해한 것이 아닐 수도 있다는 것을 주의하세요. 문자적인 운율을 즐기며 암송을 하지만 내용은 전혀 모르는 경우도 종종 보았습니다. 인사하기를 잘못하는 상황마다 아이 옆에서 인사하기 이야기 문장을 일관성 있게 반복하여 들려주어 큰 효과를 보았답니다.

2. '사회상황 이야기'는 어떻게 계획할 수 있을까요?

'사회상황 이야기'는 다양한 일상의 상황과 적절한 사회적 행동에 대한 이해와 훈련에 사용할 수 있습니다.

슬기의 언어연령은 실제연령인 6세보다 2년가량 지체되었기 때문에 글자를 읽지 못하였고, 이야기를 들어도 이해를 잘하지 못하는 느낌이 드는 경우가 종종 있었습니다. 그럼에도 앞의 '인사하기 이야기'를 읽어 주는 데 전혀 문제가 없었고 많은 효과를 보았습니다. 즉, 글을 읽지 못해도 사용방법을 응용하면 연령이나 언어능력에 제한을 받지 않고 영아부터 성인까지 이용할 수 있습니다.

1) 언제 읽는 것이 좋을까요?

　하루 중에 '사회상황 이야기'를 읽기에 가장 좋은 시간은 누가 정할까요? 이야기를 읽어 주는 부모나 교사 혹은 이야기를 듣는 아동 당사자입니다. '사회상황 이야기'는 짧게는 5분 내외로 혹은 놀이나 색칠하기나 동영상의 포함 여부에 따라서 융통성 있게 시간을 조절할 수 있습니다. 아주 짧은 이야기를 아이가 스스로 읽거나 혹은 주변인이 읽어 주기만 하면 되기 때문에 버스 안이나 치료대기실에서, 아침밥을 먹거나 저녁밥을 먹으면서 혹은 아이스크림을 먹으면서 실시하는 것이 가능합니다. 불가능한 일 같이 들리겠지만 가능하답니다. 유치원이나 학교라면 자유 시간에 잠깐 과자를 먹거나 흥밋거리를 제공하며 짧은 시간을 낼 수도 있습니다.

　처음에는 까다로운 자폐자녀를 생각할 때 막막하고 부담스럽게 느껴져 엄두가 안 날 수 있습니다. 하루 종일 양육을 담당해야 하는 엄마 입장에서 조금의 시간만 있다면 휴식이 더 필요하다고 생각될지도 모릅니다. 하루 중에 아이와 같이 있는 시간이 얼마나 되나요? 그중 5분이나 10분의 짬만 낼 수 있다면 충분합니다. 하루 중 친구와 전화하는 시간이 얼마나 되나요? 일상에서 약간의 시간을 할애할 여유가 있다면 언제든 가능합니다.

　슬기는 처음엔 아침 식사 직후에 읽기를 실시했습니다. 5분이면 끝났어요! 이후에 이야기책에 흥미가 높아진 슬기는 저녁 식사 후나 목욕 후에 색칠을 하면서 자신의 상상을 더하여 상호작용하며 읽는 것을 더 좋아하게 되었고, 스스로 읽기 시간을 선택하는 모습도 보였습니다.

2) 어디서 읽는 것이 좋을까요?

　가정이나 학교, 어디에서든 아동이 선호하는 환경을 선택하는 것이 좋습니다. '사회상황 이야기'는 자폐아동에게 분명 도움이 되는 것이지만 처음엔 지루하고 힘든 내용일 수 있기 때문에 아동이 쉽게 전환을 선택할 수 있는 장소가 좋을 수 있습니다.

저는 슬기와 주로 주방 식탁에 나란히 앉아서 읽었습니다. 식탁은 슬기가 가장 자주 머무는 곳이기도 하고 식사 준비를 하거나 설거지를 하다가 슬기가 "이야기책은요?" 하고 흥미를 보이는 타이밍에 바로 실시하기에 좋았기 때문입니다.

'사회상황 이야기' 주제에 따라 특정 장소에서의 기술과 관련된 이야기는 그 장소에서 가르치는 것도 좋습니다. 예를 들면, 샤워하기는 욕실에서, 장난감 정리하기는 놀이방에서, 인사하기는 현관문에서 읽어 주거나 녹음한 것을 들려주는 것입니다. 아이랑 읽는 장소를 결정하고 나면 며칠 간 일정하게 장소를 유지하여 아이가 이곳이 이야기책 읽는 곳이라는 사실에 익숙해지도록 하는 것이 좋습니다.

융통성 증진이 목표라면 일정한 기간이 지나서 장소를 바꾸는 것도 좋습니다.

저는 항상 '사회상황 이야기'를 가방에 가지고 있다가 틈만 나면 "여기서 슬기랑 엄마랑 이야기책 읽으면 좋겠다. 어때요?"라고 말하고는 슬기의 반응을 살폈습니다. 치료실에 조금 일찍 도착하면 자동차 뒷좌석에서 읽자고 하고, 수목원에 놀러 가서도 숙소에서 읽자고 물어보는 등 쉬지 않고 장소 전환을 시도하여 슬기의 융통성이 어느 정도인지를 살폈습니다. 결국 식탁에서 책상으로, 집에서 자동차로, 복지관 대기실로 점점 변화에 적응하는 슬기를 볼 수 있었습니다.

3) 몇 번 읽는 것이 좋을까요?

처음 이야기책을 만들었을 때 '슬기가 얼마나 좋아질까?'라는 기대가 컸습니다. 아마 대부분 비슷할 것입니다. 자신의 손때가 묻은 세상에 하나뿐인 이야기라고 생각하면 아이의 반응에 대한 기대가 커지는 것은 당연할 것입니다.

하지만 처음 만든 '사회상황 이야기'를 보고 우리 아이가 웃거나 단번에 좋아하리라는 기대는 접는 것이 좋습니다. "싫어!"라고 소리를 지를 수도 있고 다른 방으로 뛰

어가 버리거나 종이를 찢어 버릴 수도 있습니다. 내용이 어렵거나 관심이 없거나 종이 색깔이 싫거나 다른 알 수 없는 이유로 충분히 그럴 수 있습니다.

가끔 '사회상황 이야기'를 읽다가 슬기의 기분 나쁜 찡그린 표정을 보면 내내 조마조마한 마음으로 읽게 되는데 그 때문에 두통이 생길 때도 있었습니다. 어떤 때는 슬기가 "여우야~여우야~" 노래를 흥얼거리며 귀를 두 손으로 막아 버려서 낙담한 때도 있었습니다. 계획할 때는 이야기를 출력하여 냉장고에 붙여 두고 수시로 읽어 주리라는 포부를 가졌지만 막상 슬기의 반응을 보고는 한 번만이라도 끝까지 할 수 있어 다행이라고 생각이 바뀌었지요. 내가 열심히 만들었다고 해서 아이가 좋아하고 열심히 읽는 것은 아닙니다.

경우에 따라서는 예기치 않게 매우 기쁜 날도 있었습니다. 이야기를 매우 좋아해서 "이야기책 틀어!"라고 한 적도 있고, 스스로 스마트폰에 저장된 녹음파일을 찾아 재생해서 흥얼흥얼 따라 말하는 것도 볼 수 있었거든요.

이야기책을 처음 만들고 나면 의욕이 넘쳐서 아이의 반응을 고려하지 않고 조급한 마음에 아이를 다그치며 혼자서 읽고 있는 자신을 보게 될지도 모르니 주의하세요!

4) 어떤 자료를 함께하면 좋을까요?

앞에서 '사회상황 이야기'는 글을 읽지 못해도 사용방법을 응용하면 연령 제한 없이 영아부터 성인까지 이용할 수 있다고 했습니다. 사진, 그림, 오디오 녹음, 비디오, 노래, 상황 전개 카드, 손인형 등의 자료를 '사회상황 이야기'에 함께할 수 있기 때문입니다. '사회상황 이야기'에 아동에게 적합한 자료를 함께하면 더 흥미로운 시간이 될 수 있습니다. 하지만 자료로 인해 이야기책 시간이 길어질 수 있고 준비할 것이 많아지기 때문에 부담스러울 수 있습니다. 이야기 자체로도 효과적이기 때문에 자료 준비에 질려서 '사회상황 이야기'를 포기한다면 무척 안타까운 일입니다. '사회상황 이야기' 책이 우선이 되고 여건에 따라 자료를 고려하는 것이 좋을 것 같습니다. 다음에 제시한 사례들은 이야기책과 함께 다양한 자료와 방법을 적용한 예입니다.

(1) 사례

① Jesse의 사례(Litras, Moore, & Anderson, 2010): 책 + 애니메이션 DVD

책을 싫어하고 글자를 모르는 3세 5개월의 자폐성장애 남자 아동(CARS[1] 34.5)을 대상으로 가정에서 인사하기("hello"나 "hi"), 놀이 참여하기("come and play"), 반응하기("Yes"라고 대답하거나 고개 끄덕이기 등)를 가르치기 위해 사회상황 이야기를 만들었습니다. Apple Macintosh 컴퓨터의 iStop 모션을 이용해 동영상 클립이나 모션이 중지된 동영상을 모아서 비디오 DVD 애니메이션으로 제작하였습니다. 아이가 책을 싫어하기 때문에 사회상황 이야기에 문장의 구조, 의미, 내용은 포함하지만 전통적인 책 형태를 띠지 않도록 하면서 두 동물의 대화로 바꿨습니다. 애니메이션의 시작은 이야기 제목과 음악을 포함한 첫 화면으로 하였고, 그다음 호랑이 인형과 코끼리 인형이 등장하는 만화 애니메이션으로 시작하였습니다. 만화 애니메이션에 이어서 기대되는 행동이 재생되면 그 화면은 멈추고 목표행동을 반복해서 언급했습니다. '내가 누군가를 보면 안녕이라고 한다.'와 같은 문장과 목소리를 함께 제시하고 "잘했어!" "최고야!"와 같은 말로 보상을 뒤따라 보여 주었습니다. 이때 기대되는 행동의 경우에는 3초간 머물고 강화장면을 제시했습니다. 부모는 사회상황 이야기의 시나리오를 제작하고 음성녹음을 했습니다. Jesse는 가정에서 규칙적으로 하루에 세 번씩 비디오를 시청해서 행동의 개선을 보였습니다.

---

1) 자폐아 평정척도(Childhood Autism Rating Scale: CARS) : 자폐성 정도를 측정하기 위하여 Schopler 등(1986)이 개발한 자폐아 평정척도로, 발달장애 아동 중 자폐 성향의 유무를 평정하는 데 용이한 검사도구다. 총 15개의 문항으로 구성되어 1점에서 4점까지의 점수가 부여되며, 최저 15점에서 최고 60점의 점수 범위를 갖는다. 전체 점수 30점을 기준으로 자폐 성향의 유무 및 경중, 중증과 같은 자폐의 정도를 나타낸다. 전체 점수 15점에서 29.5점 이하는 정상이며, 30점에서 36.5점은 경증 및 중간 정도의 자폐장애, 37점 이상은 중증의 자폐장애를 나타낸다(이승희, 2010).

② Alan의 사례(Bernad-Ripoll, 2007): **책 + 녹화비디오**

감정조절에 어려움이 있어 불안, 좌절, 분노를 제어하기 어려워하는 9세 8개월의 자폐성장애 남자 아동을 대상으로 하였습니다. 가정에서 아동이 자신의 감정을 인식하고 감정에 대해 적절히 행동하는 것을 지원하기 위해 행복, 분노, 불안, 안정, 좌절에 대한 사회상황 이야기를 만들고, 아동의 감정 상황별 사진을 디지털 카메라로 찍어 이야기와 사진으로 비디오테이프를 만들어서 부모가 아동에게 규칙적으로 보여 주어 효과를 보였습니다.

③ 초등학교 아동의 사례(이소라, 문현미, 2011): **책 + 비디오자기모델링**

눈맞춤과 발화 및 대화 시도에 어려움을 가진 9세 자폐성장애 남자 아동을 대상으로 사회상황 이야기와 비디오자기모델링을 결합하여 제작한 것을 교사와 규칙적으로 시청하여 효과를 보였습니다. 비디오자기모델링은 아동과 대화를 나누는 장면을 캠코더로 촬영하고 동영상 편집 프로그램을 사용하여 촉구가 제공되는 장면을 삭제함으로써 아동이 스스로 바람직한 행동을 수행하는 것처럼 보이도록 편집하여 제작하는 것입니다.

④ 초등학교 아동의 사례(이안나, 김은경, 2012): **책 + 넷북**

치료실 수업시간에 수업 준비 및 정리하기를 어려워하고, 화를 참지 못하여 자해행동을 하는 12세 자폐성장애 남자 아동(CARS 30.5)을 대상으로 사회상황 이야기를 제작하여 수업시간 전에 교사와 함께 읽어 행동 개선 효과를 보였습니다. 파워포인트를 이용하여 아동의 사진과 사회상황 이야기를 책으로 만들어 넷북으로 아동과 함께 이야기 슬라이드를 넘기며 읽는 방식으로 진행했습니다.

⑤ 중학교 아동의 사례(박성혜, 2009): **책 + 손인형**

14세 중학생 자폐성장애 남자 아동 2명을 대상으로 만남 표현, 감사 표현, 요구 표현, 거절 표현을 가르치기 위해 교사가 사회상황 이야기를 설명문, 지시문, 조망문의 형태로 구성하였습니다. 해당 상황에서 대화자로 선정된 손인형을 이용해 이야기 상황을 연출하여 그것을 사진으로 찍어 A4용지에 상황이야기 문장과 함께 담아 책으로 구성하였습니다. 각 상황에서 사용된 손인형은 2~3개이며, 하나는 대상 학생으로 가정한 손인형이고, 다른 하나는 각 상황에서 학생과의 대화 상대자로 쓰인 손인형이며, 나머지는 기타 등장인물입니다. 손인형을 사용함에 있어 좀 더 실제감을 부여하고자 해당 상황이야기에서 대화 내용만을 보이스 칩에 음성으로 녹음하여 그것을 손인형 안에 장착하여 사용하였습니다.

⑥ 고등학교 아동의 사례(전인순, 정대영, 2011): 책 + 멀티미디어 기반의 또래 모델링

특수학교 고등부 1학년 자폐성장애 남자 아동 4명을 대상으로 관심 얻기, 요청하기, 허락 구하기 등 사람들과 관계 형성에 필수적인 행동을 가르치고, 소음, 이석행동, 남의 물건 가져오기 등의 문제행동을 개선하기 위해 교사가 사회상황 이야기를 이용하였습니다. 고등부 직업훈련(안전벨트 조립, 볼펜 조립, 선반 목공 조립 등)을 받는 시간에 친구와 함께 조립하기, 조용히 하기, 친구 것과 내 것 구분하기 등을 목표행동으로 정하고 행동별 사진과 동영상을 삽입하여 사회상황 이야기를 제작하였습니다. 교사는 또래모델을 선정하여 사회상황 이야기를 함께 보고 또래학생이 적절하게 반응하는 방법에 대하여 지도하여 효과를 보였습니다.

(2) 슬기의 사례(문소영, 2015): 책 + 오디오 녹음

슬기는 그림책을 좋아하지만 글자를 모르는 5세 8개월의 자폐성장애 여자 아동입니다(CARS 34.0). 슬기에게 사회상황 이야기를 실행하기 위해 자료를 준비한 과정을 앞의 사례보다 상세히 소개하도록 하겠습니다.

① 삽화 준비

이야기 본문을 완성하고 나면 내용과 관련된 삽화를 제작하였습니다. 슬기는 색칠

하기를 좋아하며 평상시에 A4 용지를 주면 간단한 그림을 그릴 수 있었기 때문에 제가 직접 선 그림을 그렸습니다. 장면은 슬기의 일과 사진을 보고 직접 고르거나 만화책, 인터넷 포털사이트에서 사진이나 그림들을 수집한 것을 참고하여 그렸습니다. 이야기 상황이 대부분 일상에서 쉽게 볼 수 있는 장면들이기 때문에 인터넷을 이용하거나 사회성 기술 관련 서적에서 쉽게 참고 자료들을 찾아낼 수 있었습니다. 그림을 그릴 때는 연필, 지우개, 검정 사인펜, 종이만 있으면 충분하였습니다. 그림을 그린 후에는 스캐너로 스캔하여 그림파일로 만들어 한글 프로그램에서 편집하였습니다.

저처럼 삽화를 직접 그리기 어려우면 아이의 사진을 찍어서 삽화로 넣어도 좋습니다. 경우에 따라서는 흑백 사진이 좋은 경우도 있습니다.

슬기도 처음엔 디지털 카메라로 찍은 사진이나 동영상을 멈춤으로 놓고 캡처한 사진을 이용하여 삽화를 넣으려고 했습니다. 하지만 사진을 보면서 예상치 못한 특정 세밀한 요소에 몰입하는 경향이 있었고, 컬러 그림을 보면 분홍색인 것에 몰두하고 다른 색에는 관심이 없는 경우가 많아서 제외하였습니다.

슬기와 비슷한 아이를 대상으로 하여 선 그림이 꼭 필요한데 그림 그리기가 엄두가 안 나신다고요? 모두 그렇지는 않겠지만 자폐성장애 아동의 경우는 대부분 세밀한 예쁜 그림보다 오해의 여지가 없는 단순하고 간단한 그림이 더 안전하고 효과적인 경우가 많았습니다. 〈그림 2-2〉를 보면 자신감이 생길 것입니다. 흔히 말하는 졸라맨 그림으로 상황만 간단히 표현해도 아이들에게 사회상황 이야기와 함께 제시하는 것이 가능합니다.

 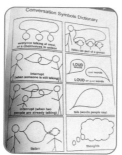 

〈그림 2-2〉 Gray(1995)의 만화 사진 및 저자의 스케치북 그림

② 오디오 녹음

Gray와 Garand(1993)는 읽기에 어려움이 있는 자폐아동의 중재 방법을 제시할 때 녹음된 사회상황 이야기를 들으면서 페이지를 넘길 수 있도록 매 쪽이 끝날 때마다 '삐' 소리를 삽입하여 아동이 그 소리를 들은 후 다음 페이지로 넘기도록 하였습니다.

슬기도 이와 비슷하게 글자를 모르고, 평상시에도 여러 가지 오디오북을 듣고 있었기 때문에 오디오 녹음을 선택하였습니다. 오디오 녹음이라고 하면 거창한 것 같지만 평상시 사용하는 스마트폰의 녹음기능을 활용하면 손쉽게 녹음할 수 있습니다.

자신이 가진 스마트폰의 앱 목록을 보면 음성 녹음, 녹음기, 보이스레코더 등 녹음기로 생각되는 앱을 찾으실 수 있을 거예요(〈그림 2-3〉 참조).

〈그림 2-3〉 스마트폰의 녹음 기능 앱

스마트폰의 녹음 기능 앱이 아니어도 휴대용 mp3 플레이어나 PC의 녹음기 등 어떤 것으로든 음성을 녹음하면 되고 자신이 편안하게 느끼는 녹음기를 찾아 준비하시면 됩니다.

녹음기를 정하고 나면 녹음을 위해 조용한 실내를 찾아가세요. 소음이 적은 조용한 곳에 가서 완성된 이야기의 본문을 읽으며 녹음을 하면 오디오북이 완성됩니다.

한 페이지 분량의 이야기인 경우에는 상관이 없지만, 4~5페이지인 경우에는 오디오를 들으면서 페이지가 바뀐 것을 알 수 있는 신호음을 넣습니다. 글자를 모르는 아이 입장을 배려하는 것이지요. 저의 경우에는 슬기가 평상시 쓰는 실로폰을 이용하여 페이지가 끝날 때마다 '도' 음을 쳐서 녹음하였습니다. 실로폰이 아니어도 트라이앵글을 치거나 막대기를 서로 부딪히거나 컴퓨터를 잘하면 직접 특별한 음을 삽입하는 등 어떤 것이든 아이가 받아들일 수 있는 짧은 신호음이면 됩니다.

〈그림 2-4〉 스마트폰에 저장된 오디오북 파일의 그림

아이가 점점 이야기책을 좋아하게 되면서 스스로 재생해서 듣는 경우가 많아졌는데, 이때 신호음의 위력을 확인할 수 있었습니다. 글자를 모르지만 해당 페이지의 순서를 맞춰서 이야기를 들을 수 있었기 때문입니다.

녹음 시 이야기를 읽는 속도는 평상시 아이에게 말하는 속도를 유지하였습니다. 언어지시를 할 때 반응이 느린 슬기에게 천천히 말하는 습관이 있었기 때문에 자연스럽게 평상시 천천히 말하는 속도로 녹음을 하였습니다.

녹음 후에 녹음 파일 제목을 이야기책 순서대로 번호와 제목을 넣어서 아이가 찾을 수 있도록 하였습니다. 〈그림 2-4〉를 보면 아이와 함께 스마트폰의 '뮤직' 앱을 터치한 후 이야기 번호를 찾을 수 있게 오디오북 파일을 회기별로 하나씩 추가해 갔습니다.

참! 녹음은 누가 할까요? 엄마의 목소리에 자신감을 가지세요! 저처럼 아이의 엄마가 직접 녹음을 하는 것이 자폐아동에게 효과적이라고 하는 연구결과가 있습니다. 가장 친숙한 양육자의 목소리가 자폐아동의 정서에 가장 좋다는 것이지요. 경우에 따라서는 아이에게 친숙한 교사나 아빠가 녹음을 하는 것도 좋겠습니다.

③ 이야기책 준비

삽화를 그리고 나면 이야기책 파일에 삽화를 스캔하여 넣습니다. 사진을 이용하기로 했다면 사진을 페이지에 포함하여 편집할 수 있을 것입니다. 이렇게 삽화까지 배치된 이야기책을 출력하면 아이에게 제시할 일만 남았습니다. 이때 어떤 것을 고려할 수 있을까요? 자폐아동의 경우 감각의 독특함 때문에 종이의 색깔, 글자의 크기, 컬러인지 흑백인지 등 선호하는 것이 다양할 수 있습니다. 예를 들면, 광택 있는 종이를 싫어하는 아동이라면 아무리 좋은 이야기라도 경우에 따라서는 출력물 자체를 보지 않으려고 할 수 있습니다. 글자의 크기도 작은 글자에 집중을 더 잘하는 아이도 있지만 큰 글자를 좋아하는 아이도 있을 수 있습니다. 아동의 이런 개별적인 특성을 잘 고려하여 자신만의 이야기책의 형태와 크기를 결정하는 것이 좋습니다.

슬기의 경우 평상시 그림책을 볼 때 미니북을 보면 더 집중하는 경향이 있었습니다. 그래서 어느 정도 작은 책으로 만들어야 아이가 흥미를 보일 것인지 확인하기 위해 〈그림 2-5〉처럼 세 가지 형태로 준비하여 슬기에게 제시하여 보았습니다. 그림을 보시면 왼쪽부터 오른쪽으로 책의 크기가 커지고 있습니다.

슬기는 처음에는 미니북 크기인 작은 책(A4 용지의 1/4크기)을 선호하다가 중간 책(A4 용지의 1/2크기)을 주로 선택했습니다. 하지만 선 그림에 색칠하기를 하면서는 작은 책보다는 큰 책(A4 용지 크기)을 선택하여 다양한 그림을 추가로 그리며 색칠하기를 좋아했습니

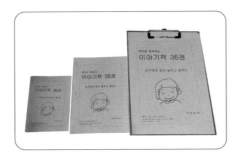

다. 아이가 좋아하는 책의 크기를 아이의 반응을 보며 함께 결정해 보는 것도 좋았습니다. 〈그림 2-6〉은 제가 직접 미니북(A4 용지의 1/4크기)을 만들었던 과정입니다. 중간 책(A4 용지의 1/2크기)은 동일한 과정으로 제작되며, 한글 파일 인쇄를 할 때 인쇄 설정 시 모아찍기 2쪽씩으로 설정하였습니다.

〈그림 2-5〉 3가지 크기별로 사용했던 이야기책

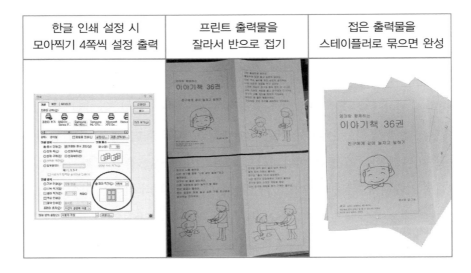

한글 인쇄 설정 시 모아찍기 4쪽씩 설정 출력	프린트 출력물을 잘라서 반으로 접기	접은 출력물을 스테이플러로 묶으면 완성

〈그림 2-6〉 미니북(A4 용지의 1/4크기) 만들기 과정

④ 이야기책 보관 및 활용

사회상황 이야기를 직접 실행한 여러 연구를 보면, 대부분 이야기를 읽고 나서 아이가 언제든지 다시 보기 좋도록 주변에 이야기책을 보관하고 있었습니다.

슬기의 경우도 〈그림 2-7〉과 같이 읽은 이야기책을 한 편씩 모아서 파일에 끼워 넣어 놀이하는 곳 책상에 올려 두었습니다. 이렇게 두었더니 자신이 색칠한 그림을 보며 중얼중얼 하면서 그림을 수정하기도 하며 다시 보는 경우가 자주 있었습니다. 이야기책 보관을 잘하면 재사용을 해야 할 때 참고할 수도 있습니다.

미니북으로 제작했던 이야기책들은 작아서 휴대가 편리했기 때문에 자동차 안에 두어 슬기가 듣고 싶다고 할 때 오디오북이 있는 스마트폰과 미니북을 함께 주어 볼 수 있게 했습니다. 슬기는 자동차 안에서 심심할 때면 종종 이야기책을 달라고 했습니다. 그 외에도 평상시 슬기와 외출할 때도 미니북을 가방에 가지고 다니며 슬기가 "이야기책은요?" 하고 물어보면 즉시 꺼내서 읽어 주곤 했습니다.

저와 같은 방법 외에도 실행 연구들을 보면 이야기책을 코팅하여 링으로 연결해서 아동이 자주 다니는 곳의 벽에 걸어 두기도 하고, 교실인 경우에는 언어영역 게시판에 제시하기도 하였습니다. 아이들은 대개 같은 이야기도 여러 번 보는 것을 좋아합니다. 아이가 스스로 이야기책을 쉽게 볼 수 있도록 지원하는 자신만의 방법을 찾아보세요.

〈그림 2-7〉 읽고 난 이야기책의 보관 및 활용

5) 주의점

　개별 아동의 특성에 맞게 직접 만들었거나, 이미 출판된 것을 이용하는 등 '사회상황 이야기'를 막상 자폐아동에게 사용하려면 여러 가지 어려움에 직면하게 됩니다. 자폐아동의 독특한 특성으로 인하여 예상하지 못한 상황이 발생할 수 있기 때문에 사용 계획을 신중하게 세우는 것이 필요합니다. 앞의 연구 사례들을 보고 공통점이 있으면 참고하면서 계획해 보세요. 때로 다음과 같은 경우에는 '사회상황 이야기'를 사용하는 것이 적절하지 않을 수도 있습니다.

　☞ 아이의 인지 발달이 심하게 지체되어 있어 읽어 주는 이야기를 이해하지 못하는 것처럼 보일 때는 적절하지 않습니다.

　☞ 부모와 교사가 '사회상황 이야기'를 사용하는 것이 아이에게 추가적인 공부나 벌을 받는 것처럼 강제적이거나 부정적인 것으로 인식될 가능성이 있을 때는 적절하지 않습니다.

　☞ 아이가 몹시 지쳐 있거나 화가 나 있을 때는 사용을 미루는 것이 좋습니다.

　☞ 아이에게 동시에 여러 개의 이야기를 제시하여 질리지 않도록 하는 것이 좋습니다. 따라서 두세 페이지의 적은 분량으로 따로 제시하는 것이 좋습니다. 책으로 보여 주면 처음부터 끝까지 그림을 다 보고 나서 다시는 보지 않으려고 할 수도 있습니다.

　☞ 사회상황 이야기는 자폐아동에게 두렵고 무서운 정서를 유발할 수도 있기 때문에 아이가 무섭다고 하면 즉시 중단하고 새롭게 수정하는 것이 좋습니다.

　☞ 아이의 현재 행동 수준을 관찰하지도 않고 기존의 '사회상황 이야기'를 수정 없이 제시하는 것은 좋지 않습니다. 자신보다 너무 어린 연령의 이야기일 수도 있고, 수준 높은 성인용 이야기일 수도 있기 때문입니다. 어느 경우이든 아이에게 '사회상황 이야기'에 대한 부정적 인상을 강하게 남기는 일은 피해야 합니다.

3. '사회상황 이야기'를 어떻게 사용할까요?

　'사회상황 이야기'는 부모나 교사가 만들고 사용하기에 적합합니다. 가정에서는 사회적 상황뿐만 아니라 먹기, 씻기, 정리하기 등 자조기술의 동기를 유발하고 방법을 배울 수 있어서 매우 적합합니다. 특히 일과에서 비협조적이고 융통성 없이 고집을 부리는 경우에 아이와 부모 간의 다리 역할을 해 줍니다.

　가정에서 실행할 때는 〈그림 2-8〉과 같이 대략 4단계로 진행됩니다. 이는 Gray(2010)에 제시된 '사회사황 이야기' 10단계를 압축한 형태라고 할 수 있습니다.

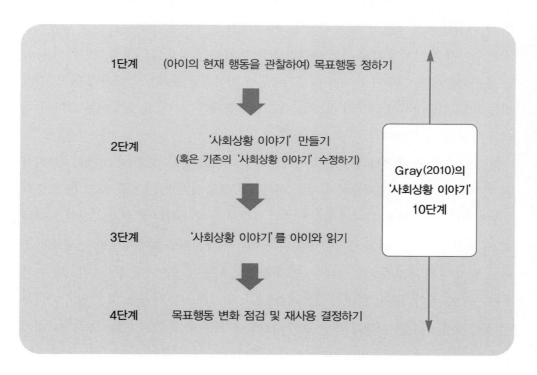

〈그림 2-8〉 4단계 실행 절차

1) 1단계 : (행동을 관찰하여) 목표행동 정하기

이 단계는 '사회상황 이야기'의 필요성이 저절로 드러나는 과정이며, 아이의 현재 행동을 파악하고 아이의 행동에서 개선하고 싶은 문제를 찾아가는 시간입니다.

너무 많은 문제가 보인다고요? 이런 경우에는 한 번에 한 가지 문제씩 접근하는 것이 좋습니다. 문제가 많다는 것은 찾을 답이 많고, 앞으로 아이의 새로운 변화에 감격할 기회가 더 많다는 의미가 될 수 있습니다. 날마다 새로운 변화를 보는 기쁨이 줄줄이 기다리고 있다면 위로가 될지 모르겠습니다.

예를 들면, 슬기는 때때로 쉬지 않고 돌아다니거나 이름을 불러도 대답을 하지 않으며, 이야기를 해도 집중을 하지 않는 등 여러 가지 문제가 많았습니다. 가장 힘들었던 것은 엄마가 자신에게 화를 내도 웃기만 하는 등 주변 사람들의 감정을 파악하지 못하는 것이었습니다. 그뿐만 아니라 배변기술이나 식사기술 등에도 문제가 있었고, 기다리는 것도 힘들어해서 분노가 폭발할 때도 많았습니다. 이런! 문제가 너무 많아서 머리가 아프기 시작합니다!

저는 많은 문제 중에서 무엇부터 시작해야 할까 고민하고 있을 때 Gray의 '사회상황 이야기'에 슬기의 문제들이 하나씩 이야기로 만들어져 있는 것을 보고 큰 도움을 얻었습니다. 너무 많은 문제에 압도되었던 것에서 벗어나 하나씩 순서와 방향을 잡아갈 수 있었습니다. 그리고 슬기뿐만 아니라 대다수의 자폐아동이 비슷한 문제를 가진다는 것이 왠지 위로가 되었습니다. 언제 자신의 기분이 좋은지를 알 수 있도록 해야한다는 것도 이야기들을 보면서 깨닫게 되었고, 슬기가 기분이 좋을 때는 엄마도 기분이 좋아지며, 자신이 어떻게 하면 주변 사람들을 기분 좋게 할 수 있는지를 가르쳐야한다는 것을 알게 되었습니다. 저는 슬기와 엄마가 어떤 때 즐거움을 느끼는지 공유하기를 바라며 '행복은 기분 좋은 것'을 첫 이야기로 정하였습니다.

문제가 보이지 않는다고요? 그러면 기존에 만들어진 '사회상황 이야기'들을 읽어보세요. 미처 보지 못한 부분들을 문제로 인식할 수도 있고 새로운 문제가 발생하지 않도록 예방할 수도 있습니다.

예를 들면, 저의 경우 '사회상황 이야기'를 만나기 전까지는 여섯 살 슬기가 실수는 무엇인지, 이사는 왜 하는지, 어른들은 모든 것을 알고 있을지 등을 궁금해할 것이라고 생각한 적이 없었습니다. 학교에 진학하여 아이들에게 따돌림 당할 때 어떻게 해야 하는지, 안전에 대한 것, 줄서기에 대한 것 등도 마찬가지였습니다. 하지만 '사회상황 이야기'를 접하며 슬기가 궁금해하는 것들이 무엇인지 알 수 있었고, 앞으로 맞이할 문제들이 보이기 시작한 순간이었으며, 대안을 배우는 순간이 되어 막연히 가지고 있던 두려움이 해소되면서 방향을 찾아가는 기회가 되었습니다.

2) 2단계 : '사회상황 이야기' 만들기

이 단계는 이야기의 구조와 문장 지침을 알고 이에 따라 '사회상황 이야기'를 제작하는 과정입니다. 기존의 '사회상황 이야기' 중에서 필요한 것을 수정할 수도 있습니다. 1단계에서 결정한 목표행동을 실제 문장으로 표현해 보고 아이의 입장에서 대안을 생각해서 이야기로 기술해 보는 것입니다. 다음 제3장의 '사회상황 이야기' 만들기를 참고해서 직접 제작해 보세요. 글쓰기라니! 부담스럽게 느껴질 수 있겠지만 기존의 '사회상황 이야기'를 읽어 보세요. 누구나 자연스럽게 쓸 수 있는 매우 간단하고 쉬운 문장들입니다.

예를 들면, '엄마가 이름을 부를 때 "네!"라고 대답할 수 있다.'를 목표행동으로 결정했다면 '엄마가 이름을 부를 때 "네!"라고 대답할 수 있어요.'가 이야기의 시작이 되는 것입니다.

때로는 이야기 제작과정 중 문제상황을 써 보고 대안을 생각하는 과정에서 문제가 저절로 해결되어 다른 목표를 찾아야 하는 경우도 생깁니다.

슬기의 경우, 세수하는 것을 무척이나 싫어했습니다. 당시에 슬기는 "세수하자."라는

말을 들으면 무반응이거나 갑자기 우는 것이 다반사였고 바닥에 다리를 대자로 벌리고 누워 버렸습니다. 젖은 수건으로 닦아 주려고 하면 얼굴을 돌려 버려서 엄마를 화나게 만들었습니다. 하루의 시작인 '세수하기' 하나만으로도 이미 맥이 빠져 버려 종일 힘든 날이 많았습니다. 슬기와 실랑이로 지쳐 세수하기를 포기하고 외출하는 경우도 종종 있었습니다. 그러다가 '사회상황 이야기'를 쓰기 위해 '세수하기'의 대안적 어휘를 고민하다가 "눈꼽 닦아요." "코딱지 닦아요." "침 닦아요." "볼 닦아요." "턱 닦아요."로 말을 바꾸었는데 이게 어찌된 일일까요! 슬기가 "눈꼽?"이라고 바로 반응을 보이더니 스스로 세면대 거울을 보며 눈꼽을 찾아 직접 물을 틀어 손가락에 물을 적셔 눈꼽을 닦는 것입니다! 다음은 "코딱지?"라고 하며 코를 닦고, "침?" 하며 입을 닦고……, 하나하나 천천히 닦으면서 세수하기를 마치게 되었습니다. 그날부터 세수하기 문제는 저절로 해결되었던 것입니다.

3) 3단계 : '사회상황 이야기'를 아이와 읽기

이 단계는 부모나 교사가 직접 만들거나 기존 이야기를 수정한 '사회상황 이야기'를 아이와 함께 읽는 과정입니다. 자폐아동이 모두 그런 것은 아닐 수 있지만 대개의 경우 한번 정한 패턴을 고집하는 경향이 있습니다. 평소 아이와 책 읽기 시간을 자주 가졌다면 지금까지 해 왔던 책 읽기 패턴을 따르면 아이가 협조를 잘하여 쉽게 진행할 수 있습니다. 하지만 자신이 고른 책이 아니라서 예상치 못한 반발을 보일 수도 있습니다. 새로운 패턴을 잡아 가는 과정이므로 낙담하지 마시고 힘을 내세요.

책을 싫어한다면 조금 손이 가지만 괜찮습니다. 적당한 자료를 준비하면 책으로 제시하지 않아도 됩니다. 사진, 파워포인트, 비디오, 오디오 녹음, 상황 전개 카드, 손인형 등을 활용해 '사회상황 이야기'에 함께할 수 있기 때문입니다.

슬기의 경우 책 읽기를 좋아하지만 자신이 고른 책이 아니면 읽기 싫어하는 경향이

○ **1단계 집중을 위한 발성**: 그림이나 행동, 사건, 특성, 상태 혹은 책 자체에 관심을 갖거나 공동 초점을 맞추기 위한 구어적/비구어적 행동을 포함한다.

예) "여기 봐, 예슬아! 이 책 좀 봐!" 책을 높이 흔들고 춤을 추는 행동 등

○ **2단계 물음**: 정보를 공유하도록 요청하는 의사소통적 행동을 말한다. 아동에게 명명, 서술, 해석하기에 관한 질문을 할 수 있고, 아동의 차례를 알려 주는 신호가 되기도 한다.

예) "이게 뭐니?"

○ **3단계 반응**: 아동의 발화에 대한 즉각적인 행동으로 아동의 이전 발화를 포함하여 확장시켜 주는 행동과 괄호넣기 방법을 사용한다.

예) "아파요."라고 대답한 경우, "그래, 개구리가 아프겠구나."(확장)

　　"개구리가 아파서?"(괄호넣기)

○ **4단계 피드백 제공하기** : 아동의 반응에 대답하는 코멘트로 반응에 대한 인정, 명료화를 위한 재요구, 보상이나 재진술 요청을 포함한다.

예) "그래, 그것은 소야." "아니, 내 생각으로는 그건 강아지야."

〈그림 2-9〉 4단계 읽기 절차

출처: 이정원(2002)

있고, 한번 정한 패턴을 고집하는 성향이 강해서 읽기 과정에 세심한 계획을 세웠습니다. 〈그림 2-9〉에 제시한 것은 이정원(2002)의 논문에 제시된 4단계 읽기 절차입니다.

이것을 참고하여 슬기와 함께했던 '사회상황 이야기' 읽기를 진행한 과정을 예시하면, 다음 〈표 2-1〉과 같습니다.

<표 2-1> '사회상황 이야기' 읽기 진행과정

단계	중재활동	세부 활동내용	발화 예	시간
준비	준비하기	① 자리를 준비하고 신호를 보내면 아동은 자리에 앉아 준비하기	"엄마랑 이야기책 읽자."	1분
	동기 유발	② 아동에게 '사회상황 이야기책'을 제시하기	"여기 봐!" "그림에 누가 있지?"	30초
상황 이야기 읽기와 듣기	집중하여 읽기	③ 엄마가 이야기책의 문장을 읽기 ④ 아동은 읽은 것을 듣고 따라서 읽기 ⑤ 아동은 엄마가 재생해 준 사회상황 이야기 오디오를 듣기	"잘 듣고 재밌으면 따라 읽어 봐!"	5분
이해도 확인	이해도 확인을 위한 질문	⑥ 엄마가 아동의 관심 집중을 위해 아동의 과거 경험을 설명하거나 책 내용을 질문하기	"이게 뭐니?" "친구 얼굴을 보니 기분이 어떨까?"	1분
	아동 발화에 반응하기	⑦ 미완성문이 있는 이야기책을 제시한 후 엄마가 질문하고 아동이 대답하기 ⑧ 엄마는 아동의 답에 확장하고 적절히 대답하기	("화났어요."라고 대답한 경우) "그래, 맞아요. 화가 난 친구에게 뭐라고 말할까?"라고 확장	1분
	피드백	⑨ 반응에 대답하고 내용을 재진술하거나 칭찬하기	"'미안해'라고 하면 되지요."	1분
정리	정리하기	⑩ 책 읽기 참여를 칭찬하고 특별히 잘 대답한 것에 대하여 칭찬하기(다음에 할 것 약속하기, 별도의 강화물은 제공하지 않음)	"책 읽기를 함께 해 주어서 엄마가 정말 기뻐요." "최고예요!"	30초

저의 경우 슬기를 대상으로 계획대로 진행하다가 동생 슬비도 이야기를 좋아해서 함께하게 되었습니다. 비슷한 연령의 형제가 있다면 처음부터 함께하는 것을 계획하는 것도 좋습니다. 이때 앞의 절차를 약간만 수정하면 쉽게 사용할 수 있습니다. 다음은 실제로 슬기와 동생 슬비가 '사회상황 이야기' 책을 함께 읽은 과정입니다.

첫 번째, 준비하기 단계에서는 슬기와 슬비 모두에게 "이야기책을 지금 해도 될까요?"라고 하고, 모두 착석하면 미리 출력해 놓은 '사회상황 이야기' 책을 제시합니다. 이때, 슬기와 슬비 모두 선 그림에 색칠하기를 좋아하였기 때문에 책상에 색연필을 준비하고 A4단면으로 출력하여 클립 파일에 끼워서 준비해 둡니다. 평상시 그림 그리기를 좋아한다면 저처럼 직접 선 그림을 그리셔도 되지만, 앞에서 보셨던 것처럼 Gray(1995)의 만화 그림과 같이 단순한 그림으로 준비하는 것도 가능합니다.

두 번째, 읽기와 듣기 단계에서 색칠하기를 먼저 끝낸 아이가 "읽어 주세요."라고 말하면 각 아이별로 읽어 줍니다. 처음에는 언니보다 먼저 관심 받고 싶은 슬비가 무조건 먼저 읽어 달라고 떼를 쓰고, 슬기는 둘이서만 진행하던 이야기 읽기 시간에 동생이 먼저 엄마 무릎에 가서 앉는 걸 보면 참지 못하고 뛰어가 버리곤 해서 누구에게 먼저 이야기를 읽어 주어야 할지 난감했습니다. 하지만 점차 엄마를 독차지하고 싶은 것보다는 색칠하기 자체를 좋아하게 되어 먼저 색칠하기를 끝내서 여유를 가지게 되었습니다.

이야기를 읽을 때는 아이별로 따로 읽어 주었는데, 자신이 색칠한 그림과 관련된 질문을 하며 상호작용을 하기 위해서입니다. "우아, 정말 멋지게 색칠했는데!" "어! 오늘은 옷 색깔이 분홍색이 아니고 빨간색이야!" 등 소소한 칭찬이나 감탄을 합니다. 그러면 대부분 "응!" "그래!" 등의 반응을 보여 주어 즐겁게 진행되었습니다.

〈그림 2-10〉은 슬기가 이야기책의 선 그림에 색칠하기가 변화되는 과정을 일부 제시한 것입니다. 처음에는 색칠하기를 거부하다가 5권부터 색칠을 시작하였고, 점차 표지 얼굴이 자신이라고 생각해서 리본을 그린다거나 백설공주 옷을 입은 것처럼 그리고 장식하며 즐거워하였습니다. 후반에는 이야기책의 숫자를 스스로 따라서 쓰더니 달력의 숫자에 관심이 많아지는 동기가 되었습니다. 그 외에도 찡그린 표정의 그림에는 "엑스!"라고 말하며 싫어하던 슬기가 후반에 가서는 찡그린 표정도 자신이라고 생각해서 리본을 그린다거나 무지개 색 옷으로 장식하며 즐거워하였습니다. 게다가 후반에는 이야기 상황에서 기분이 좋으면 음표를 그리며 "기분이 좋아!"라고 말하기도 해서 놀라기도 하였습니다. 무표정이나 무반응이 대부분이던 슬기가 기분이 좋다는 것을

〈그림 2-10〉 슬기의 색칠하기 변화

표현하는 것이 무척 대견하다고 느꼈기 때문입니다.

　세 번째, 이해도 확인 단계에서는 이러한 읽기 과정에서 '사회상황 이야기'의 상황
에 대한 질문, 그림 속의 표정에 대한 이해, 그림 상황에서 무엇을 말하는지 등에 대해
세 가지 이상을 질문합니다. 어렵거나 길게 질문하면 갑자기 뛰어가 버리거나 대답이
없거나 중얼중얼 소리를 내기도 합니다만, 대부분 진지하게 대답해 주어 이야기가 어
려웠는지, 이해가 되었는지 알 수 있었습니다.

　읽기가 끝나면 스마트폰의 오디오 mp3 파일을 재생하여 두 아이가 동시에 듣도록
하였습니다. 스마트폰이 아니어도 녹음이 가능한 기기이면 어느 것이든 가능합니다.
mp3 파일은 이야기 본문을 엄마가 직접 읽어서 미리 녹음해 둔 것으로, 페이지가 끝날

때 신호음을 삽입해서 아이가 스스로 페이지를 넘길 수 있도록 합니다. 글자를 모르던 슬기도 페이지를 스스로 넘기며 이야기와 그림 상황이 맞는지 확인하는 진지한 모습을 보였습니다. 이때 슬기는 엄마의 무릎에 앉혀서 책을 직접 넘기면서 집중하여 듣도록 하였습니다.

마지막으로, 정리하기 단계에서는 색칠하기를 잘한 것이나 형제간에 순서를 기다린 것들을 칭찬하며 다음번의 이야기 읽기 활동을 예고했습니다. 또한 형제가 서로 색칠한 것을 자랑하고 칭찬하도록 하였습니다.

저의 경험을 참고하여 '사회상황 이야기' 읽어 주는 자신만의 방법을 계획해 보세요.

4) 4단계 : 목표행동 변화 점검 및 재사용 결정하기

이 단계는 아이와 '사회상황 이야기'를 읽고 난 후 효과를 점검하는 과정입니다.

목표행동이 아이에게 나타나기 시작했다면 이야기의 효과를 본 것입니다. 가정에서 뚜렷한 변화를 보이는 경우도 있지만 치료실이나 유치원, 학교 등에서 변화를 보일 수도 있기 때문에 치료 선생님들과 교사와의 상담 시간은 이야기의 효과를 점검할 수 있는 중요한 기회가 될 수 있습니다. 매일 이루어지는 치료나 학교 상담 때 특별한 관심을 가지고 목표행동과 관련된 변화가 있었는지 귀를 기울여 보세요. 엄마는 저절로 아동의 구체적인 행동 및 표정, 발화의 변화에 새롭게 민감해질 뿐만 아니라 교사와 치료 선생님들에게 목표행동의 변화 여부를 질문하며 상담 내용이 구체적인 방향을 가지게 될 것입니다.

예를 들면, "슬기가 오늘 잘했나요? 문제 없었나요?"라는 질문은 답하기 어려운 질문이기 때문에 선생님들도 "네, 잘했어요. 문제 없었어요."라고 답하기 쉽습니다. 이런 식의 상담에서는 슬기에게 구체적인 어떤 변화가 일어났는지 알 수 없습니다. 하지만 '선생님을 만날 때는 "안녕하세요!"라고 인사합니다.'가 목표행동인 경우 엄마 스스로도 관찰 가능

하지만 교사와의 상담 시 "오늘 만날 때 인사를 잘했나요? '안녕하세요!'라고 했나요?"라고 질문할 수 있겠죠. 잘 안 했다고 답한다면 "선생님, 요즘 슬기에게 인사하기를 연습시키고 있어요. 함께 봐 주세요."라고 관찰을 요청할 수 있습니다.

관찰이나 상담 후에 목표행동 변화 정도를 일기나 일지처럼 기록으로 남기면 아이의 변화를 구체적으로 알수 있습니다. 엄마는 아이의 변화를 스스로 축하하며 "나도 할 수 있구나!" "아이가 나아지고 있구나."라고 말하며 '사회상황 이야기'의 사용 효과를 보면서 나만의 즐거움을 알아가게 됩니다.

가정에서 변화가 없고, 상담에서도 변화가 없다고 낙담하지 마세요. 아이의 입장을 생각하며 더 쉽게 이야기를 수정하거나 반복해서 사용하는 것을 고려할 수 있습니다. 목표행동을 배우기에 이야기가 조금 어렵거나 복잡할 수 있다고 판단되면 목표행동을 더 쉽고 간단하게 세분화하는 것이 좋습니다. 아이가 좋아하는 노래나 사진, 삽화를 함께 추가하여 사용하는 것도 도움이 될 수 있습니다.

제3장

'사회상황 이야기'
만들기

1. 아이 관찰하기

슬기는 언어지연을 보여 언어표현을 즐겨하지 않았고, 항상 주변인에게 무관심하여 혼자 놀이를 선호하였으며, 친구에게 관심이 없는 것으로 보였습니다. 엄마는 언제부터인가 '슬기는 자폐아동이기 때문에 혼자 있는 것을 좋아하고 친구들을 귀찮아할 거야.'라고 당연시하고 있었습니다. 하지만 아이를 반복해서 관찰하면서 그것이 편견임을 깨달았습니다! 슬기도 또래에게 관심을 가지고 있다는 단서를 찾을 수 있었습니다. 놀이터나 치료실에서 관찰하면 슬기는 자기 또래의 아이들을 멀리서 물끄러미 보고 있다가 또래가 가 버리면 또래가 있던 자리에 가서 혼자 또래가 하던 것을 흉내 내기 하는 것이었죠. 매일 보는 자녀이기 때문에 '이 아이는 원래 그러니까……' 하며 놓치는 것이 많았다는 것을 깨닫게 되었습니다.

매일 자녀의 모든 행동을 관찰한다는 것은 정말 힘든 일입니다. 하지만 일상에서 조금만 요령을 알고 자녀와 관련된 사람들의 도움을 받는다면 아이 관찰하기를 시작할 수 있습니다. 슬기를 관찰한 요령은 다음과 같습니다.

☞ 슬기의 사회성을 알기 위해 한 장소에서 계속 관찰했습니다. 놀이터나 교회 유치부, 치료 대기실 등 사람들을 접하게 되는 상황이 있을 만한 곳을 정했습니다. 미리 정한 장소에 가서는 슬기의 행동을 집중하여 봅니다.

☞ 슬기의 유치원 선생님과 치료 선생님, 교회 선생님과의 상담 시 또래와의 사회성에

대하여 관찰을 부탁했습니다. 그런 후 상담 시간에 슬기가 어떤 친구들을 선호하고 어떻게 행동했는지 등을 질문했습니다. 슬기와 관련된 교사들의 도움을 통해 가정에서는 보기 힘든 행동들을 파악했습니다.

☛ 반복하여 관찰되는 행동이나 상담 시 들은 슬기의 행동을 메모했습니다. 메모를 모으면 자연스럽게 슬기의 현재 사회성 기술 정도를 알 수 있습니다.

☛ 메모를 할 때는 〈표 3-1〉처럼 슬기의 행동을 상황과 연결하여 행동별로 메모를 했습니다. 다음 메모를 보세요.

〈표 3-1〉 행동 관찰하기 예시

상 황	슬기의 행동
친구가 이름을 부름	다른 곳을 보거나 무반응
친구가 무엇을 그리는지 물어봄	"아니야, 아니야!"라고 말하며 딴 곳만 봄
친구가 스티커를 선물로 줌	주는 것인지 모르고 자기 놀이에만 열중함
친구가 색연필을 빌려 달라고 함	"아니야, 아니야!"라며 자기 놀이에만 열중함
친구들이 둥글게 앉아 간식을 먹음	집단에서 멀리 떨어져서 바닥에 누워 버림
친구가 놀고 있는 장난감이 필요함	친구가 놀고 있는 장난감을 말 없이 슬쩍 가져옴
	친구가 화를 내자 장난감을 던지고 가 버림

이렇게 메모를 하면서 전문적이지는 않지만 슬기의 사회성 기술 능력이 어느 정도인지 알아낼 수 있었습니다. 막연하게 '이런 것쯤은 될 거야.' 하던 것이 사실은 안 되는 것도 있었고, 미처 몰랐는데 잘하고 있는 것도 있어서 큰 도움이 되었습니다. 슬기를 관찰한 것들을 모으면서 지원이 필요한 사회성 기술들이 점점 보이기 시작했습니다. 슬기가 못하는 행동들을 보면서 "이 정도는 당연히 하는 거지."라며 아이에게 알려 주지 않고 꾸중을 일삼았던 것이 참 많았다는 것을 깨달았습니다. 한편으로는 사회성 기술에

대하여 슬기가 못하는 것이 너무 많아서 암담한 기분이 들기도 했습니다. 동시에 아이에게 부족한 것을 구체적으로 알아가면서 아이를 더 이해할 수 있다는 자신감이 생기기도 했습니다. 점점 더 아이의 행동 자체에 관심을 가지면서 이전에 아이와 동행할 때 돌발행동 발생 시 무엇을 어떻게 해야 하나 걱정하며 문제가 발생하기 전부터 불안과 두려움으로 가득하던 마음이 '슬기가 이제 어떤 행동을 보이는지 보자.'라는 생각과 함께 차분한 마음으로 변하기도 했습니다.

자폐아동은 돌발상황이 일상입니다. 놀이터에 가면 흙을 먹는 것부터 높은 곳에 올라가 내려오지 못해 울거나 갑자기 어디로 뛰어가 버린다거나 배변 실수를 하는 것까지 한시도 마음을 놓을 수 없습니다. 아이 안전문제만으로도 신경이 곤두서는데 그 힘든 상황에서 관찰한 것을 기억하고 메모한다는 것은 쉬운 일이 아닙니다. 저는 처음엔 메모용 수첩을 항상 주머니에 넣어 가지고 다녔지만 아이를 돌보다 보면 수첩과 펜을 챙기는 것은 고사하고 아이와 무엇을 했었는지 까맣게 잊어버릴 정도로 정신없이 하루를 보내는 경우가 많아서 수첩으로 기록하는 것은 무리였습니다.

그래서 아이가 유치원에 등원한 직후 한숨을 돌리는 시간이나, 치료 대기실에서 아이를 기다리며 쉬는 시간에 수첩이나 스마트폰의 노트북(notebook) 기능을 이용해서 그날 아이가 보인 돌발행동이나 좋은 반응을 보인 일들을 기록하였습니다. 파김치가 되도록 체력이 소진된 날은 스마트폰 터치조차 힘들어서 녹음기로 녹음을 하거나 종이에 글씨를 날려서 쓰고 이것을 사진 찍어 두어 노트북에 모았습니다. 빠르게는 한 달 후, 길게는 1년이 지난 뒤 기록한 메모를 다시 보면 아이의 발전을 실감할 수 있어 뿌듯함을 느낄 수 있었습니다. 종종 저장한 노트북을 깜박하고 삭제하는 실수를 하기도 했지만!

아이의 행동 관찰하기

※ 이해할 수 없는 우리 아이의 행동은 어쩔 수 없는 것이 아니라 나름의 이유가 있습니다. 현재 아이의 행동을 상황과 장면에 따라 관찰하고 기록하다 보면 아이가 배워야 하는 것, 할 수 있는 것이 무엇인지 보이기 시작할 것입니다.

상 황	행 동
1. --------------------------------- --------------------------------- ---------------------------------	1. --------------------------------- --------------------------------- ---------------------------------
2. --------------------------------- --------------------------------- ---------------------------------	2. --------------------------------- --------------------------------- ---------------------------------
3. --------------------------------- --------------------------------- ---------------------------------	3. --------------------------------- --------------------------------- ---------------------------------

2. 아이에게 가장 시급한 사회성 행동은 뭘까?
- 목표행동 정하기

관찰을 하면서 아이의 상황별 현재 행동을 정리하고 나면 행동들 중에서 '사회상황 이야기'를 만들기 위한 한 가지 목표를 정해야 합니다.

목표행동은 뭘까요? 관찰한 아이의 부족한 현재 행동을 바람직한 행동으로 개선된 형태로 표현하는 것입니다.

예를 들면, 슬기의 현재 행동 중 '친구가 이름을 불렀을 때 반응이 없다.'를 '친구가 이름을 불렀을 때 친구에게 대답할 수 있다.'라고 바꾸어 표현하는 것입니다. 쉽죠?

목표행동을 정할 때는 구체적으로 상세하게 정하는 것이 이야기를 제작하고 아이의 일상에서 일관성 있게 지도하기에 수월하며 효과도 높습니다.

앞에서 관찰한 '친구가 이름을 불렀을 때 반응이 없다.'의 행동을 '친구가 이름을 불렀을 때 친구에게 "응!"이라고 대답할 수 있다.'의 목표행동으로 수정하는 것이 더 좋습니다. 혹은 '친구가 이름을 불렀을 때 친구에게 "왜?"라고 대답할 수 있다.'라고도 할 수 있습니다.

그럼 관찰한 것을 활용해서 목표행동을 정하는 것을 해 보겠습니다.

다음 〈표 3-2〉는 슬기의 현재 행동들이 바람직하게 바뀌기 위해서 어떻게 행동하면 좋을지를 적은 것입니다.

그런데 이렇게 많은 것 중에서 어떤 것을 목표행동으로 정할까요?

〈표 3-2〉 목표행동 정하기 예시

상 황	슬기의 현재 행동	바람직한 행동
친구가 이름을 부름	다른 곳을 보거나 무반응	친구를 쳐다보며 "응!"이라고 대답하기
친구가 무엇을 그리는지 물어봄	"아니야! 아니야!"라고 말하며 딴 곳만 봄	친구에게 "○○을 그리고 있어."라고 대답하기

친구가 스티커를 선물로 줌	주는 것인지 모르고 자기 놀이에만 열중함	친구를 쳐다보며 "고마워."라고 말하고, 스티커를 받기
친구가 색연필을 빌려 달라고 함	"아니야! 아니야!"라며 자기 놀이에만 열중함	친구를 쳐다보며 "응!"이라고 대답하고, 색연필 건네주기
친구들이 둥글게 앉아 간식을 먹음	집단에서 멀리 떨어져서 바닥에 누워 버림	자기 자리를 찾아서 앉은 후 간식 순서를 기다려서 먹기
친구가 놀고 있는 장난감이 필요함	친구가 놀고 있는 장난감을 말없이 슬쩍 가져옴. 친구가 화를 내자 던지고 가 버림	친구에게 허락을 구하고 장난감 가져오기 친구에게 "미안해!"라고 말하고 장난감 돌려주기

아이마다 가능한 것이 다양하기 때문에 목표행동을 정하는 것에 공식이나 정답은 없는 것 같습니다. 현재 아이가 개선해야 할 부분 중 시급한 행동을 정하면 됩니다. 당연히 쉽고 간단한 행동부터 정하는 것이 효과적일 것입니다.

슬기는 가정에서는 할 수 있는데 친구들과는 하지 않거나, 가정에서는 할 수 없는데 친구들과는 하는 등 환경이나 상황에 따라 차이가 나는 행동들이 있었습니다. 가정에서는 제가 "슬기야." 하고 두세 번 부르면 쳐다보지는 않아도 "네!" 하고 대답을 하는 경우가 있고, 치료실에서 선생님들에게도 "네!"라고 대답을 한다고 들었기 때문에 조금만 알려 주면 친구들에게도 대답을 할 수 있을 것이라고 생각했습니다. 그래서 슬기의 목표행동을 '친구가 내 이름을 부르면 친구에게 "응!"이라고 대답할 수 있다.'로 정했습니다.

아이의 목표행동 정하기

※ 관찰한 아이의 현재 행동 중에서 목표행동을 세 가지 정도 정해 보세요. 치료 선생님이나 유치원 선생님, 학교 선생님과 면담을 통해 함께 목표행동을 공유하면 더욱 좋습니다.

아이의 현재 행동	목표행동
1. ------------------------------ ------------------------------ ------------------------------	1. ------------------------------ ------------------------------ ------------------------------
2. ------------------------------ ------------------------------ ------------------------------	2. ------------------------------ ------------------------------ ------------------------------
3. ------------------------------ ------------------------------ ------------------------------	3. ------------------------------ ------------------------------ ------------------------------

※ 목표행동 VS 문제행동

특수교육 교사나 전문가들과 상담을 하다 보면 '문제행동'이라는 말을 종종 듣게 됩니다. 아이가 자해를 하거나, 부모를 때리거나, 물건을 집어던지거나, 뛰어나가는 등 여러 가지로 힘들게 하는 것은 사실이지만 이러한 행동들에 대해 막상 제삼자에게서 "슬기의 문제행동은……."이라는 말을 듣게 되면 부모 입장에서는 가슴이 철렁하며 말문이 막히게 됩니다. '문제행동'과 우리 아이가 연결된 순간, 상담을 하기도 전에 자녀가 문제아로 대우받는 기분이 들면서 왠지 모를 억울함이 느껴지는 것이지요.

'문제행동'은 개선이 필요한 아이의 현재 행동을 말하는 것입니다. 문제를 알아야 답을 찾을 수 있습니다. 문제를 알지 못한다면 엉뚱한 대답만 하게 되겠지요.

부모로서 힘든 과정이 되겠지만 아이의 바람직한 행동인 목표행동을 알기 위해서는 아이의 현재 문제를 볼 수 있는 여유와 마음을 추스르는 과정이 필요합니다. 힘내세요!

3. 우리 아이는 상황을 어떻게 생각할까?
– 정보를 수집하여 구성하기

아이를 관찰하고 목표행동을 정한 후 꼭 고려해야 할 것은 부모나 교사가 정한 목표행동이 아이에게도 시급하게 느껴질지 아이의 입장에서 생각해 보는 것입니다. '사회상황 이야기'를 정했지만 중요한 것은 이야기를 읽는 독자인 자폐아동의 관점입니다.

앞서 목표행동으로 '친구가 이름을 불렀을 때 친구에게 "응!"이라고 대답할 수 있다.'를 정했지만 '우리 아이는 또래가 "슬기야!"라고 이름을 불러 주면 어떤 생각을 할까? 엄마나 선생님에게는 "네!"라고 대답하는데 또래에게는 왜 대답을 하지 않을까?' 처럼 당사자인 슬기가 자신의 이런 행동을 어떻게 생각하는지가 중요합니다. 일반 아동이라면 친구에게 왜 대답하지 않느냐고 질문할 수 있겠지만 우리 아이는 질문을 하면 회피하듯 고개를 돌리고 반응이 없는 것이 대부분이지요. 이럴 때는 관찰을 통해 아이의 입장이 되어 답을 찾아보는 것이 자연스럽습니다.

가만히 살펴보니 엄마나 선생님은 슬기가 "네!"라는 대답을 할 때까지 계속 이름을 부르거나 "네! 라고 대답해야지." 하고 지도하지만 슬기의 또래들은 대답을 하지 않아도 상관하지 않고 다른 또래에게 가 버린다는 것을 알 수 있었습니다. 따라서 슬기는 '친구가 이름을 부를 때는 대답을 하지 않아도 된다.'라고 나름 확신하고 있는 것이 아닐까 추측하게 되었습니다. 그렇다면 슬기 입장에서 친구가 이름을 부를 때 왜 대답을 해야 하는지 어떻게 설명하면 좋을까요?

'사회상황 이야기'에서는 세 가지 관점에서 접근하도록 합니다.

첫 번째는 상황과 개념을 정의하는 적절한 단서들에 관한 정보를 3인칭 관점에서 수집하고 정리하는 것입니다. 즉, 친구가 슬기의 이름을 부를 때의 상황과 제삼자인 친구들의 일반적인 기대를 정리하는 것입니다. '친구가 슬기의 이름을 부를 때는 슬기의 대답을 듣고 싶어 한다.'와 같이 정리할 수 있습니다.

두 번째는 자폐아동의 측면에서 어떻게 상황을 이해하고 있는지를 고려하여 행동을 하는 당사자인 '나'의 1인칭 관점에서 정보를 수집하고 정리하는 것입니다. 즉, 어른들에게는 "네!"라고 대답해야 하듯이 친구에게도 "응!"이라고 대답해야 한다는 것을 정리합니다.

세 번째로 '사회상황 이야기'에서 특히 중요시하는 것은 이야기에서 50% 정도는 반드시 자폐아동인 독자를 칭찬하는 내용을 포함하는 것입니다. 자폐아동이라도 현재 할 수 있고 잘할 수 있는 기술이 있을 것입니다. 현재 아이가 할 수 있는 기술을 찾아서 이야기 내용에 포함시킨다면 아이의 자신감을 높이면서 새로운 개념과 기술이 연결될 수 있다는 점을 제안합니다. 즉, 어른들에게 "네!"라고 대답한 것을 칭찬하고 친구에게도 "응!"이라고 대답하는 것이 연결될 수 있음을 알려 줍니다.

행동을 할 것인지 하지 않을 것인지는 아이가 스스로 선택하는 것입니다. 그러므로 아이 입장에서 왜 대답을 하는 것이 좋은 것인지 깨닫는 것이 중요합니다. 또한 스스로 할 수 있는 행동이라는 것을 깨닫도록 실천 가능한 현실적인 정보를 제공해 주는 것이 중요합니다. 아이 입장에서 복잡하고 어려운 행동이라는 판단을 하게 된다면 아무리 멋진 이야기라고 해도 아이는 낙담하여 피하고 싶을 것입니다. 〈표 3-3〉은 '친구가 이름을 불렀을 때 친구에게 "응!"이라고 대답할 수 있다.'의 이야기를 세 가지 관점에서 정보 유형별로 구성한 것입니다.

〈표 3-3〉 정보 유형별 구성하기 예시

상 황	유 형	내 용
친구가 내 이름을 불러요	새로운 상황과 관련된 객관적인 정보 기술하기	나는 햇님반에 왔어요. 햇님반에는 선생님과 친구들이 있어요.
	아이가 새로운 상황을 어떻게 처리해야 하는지 기술하기	친구가 "슬기야"라고 불러요. 친구는 나의 대답을 듣고 싶어 해요. 나는 "응!"이라고 대답하며 친구를 쳐다봐요. 친구는 내가 대답을 해 줘서 기분이 좋아요.
	아이가 과거에 유사하게 한 것이 무엇인지 지금 행동과 연결 짓기	선생님이 "슬기야"라고 불러요. 나는 "네!"라고 대답을 해요. 선생님은 내가 대답을 하면 칭찬을 해요. 나는 칭찬을 받으면 기분이 좋아요.

정보 구성하기

※ 목표행동을 정하고 나서 상황과 관련된 정보를 구성합니다.

정보 유형별로 구분하여 구성하면 아이를 이해하고 이야기를 구성하는 데 큰 도움이 됩니다.

상 황	정보 유형	내 용
	새로운 상황과 관련된 객관적인 정보 기술하기	------------------------------ ------------------------------ ------------------------------
------------------- ------------------- -------------------	아이가 새로운 상황을 어떻게 처리해야 하는지 기술하기	------------------------------ ------------------------------ ------------------------------
	아이가 과거에 유사하게 한 것이 무엇인지 지금 행동과 연결짓기	------------------------------ ------------------------------ ------------------------------

4. 아이에게 맞게 이야기 구조화하기

'사회상황 이야기'는 아이의 관점에서 이해하기 쉬운 이야기가 되도록 일정한 구조로 유지되도록 합니다. 즉, 하나의 목표를 가진 이야기가 소개, 본문, 결론이라는 세 부분의 구조를 가지도록 합니다.

- 소개는 목표행동의 상황을 명확히 나타내는 것입니다.
- 본문은 소개에 따라 내용을 상세히 설명하는 것입니다.
- 결론은 이야기 전체의 개념이나 상황, 목표행동을 요약하는 것입니다.

다음 〈표 3-4〉는 슬기가 '친구가 이름을 불렀을 때 친구에게 "응!"이라고 대답할 수 있다.'의 목표행동을 세 부분의 구조로 구성했던 것입니다. 길이와 내용이 중복되고 장황해지는 것 같지만 이처럼 일관된 구조를 이용하면 사회상황을 파악하는 데 특별한 어려움이 있는 자폐아동에게 효과적으로 내용이 전달됩니다.

〈표 3-4〉 세 부분으로 구조화하기 예시

상 황	구 성	내 용
친구가 내 이름을 불러요	소개	나는 햇님반에 왔어요. 햇님반에는 선생님과 친구들이 있어요. 친구가 "슬기야!"라고 불러요. 친구는 나의 대답을 듣고 싶어 해요.
	본문	나는 "응!"이라고 대답하며 친구를 쳐다봐요. 친구는 내가 대답을 해 줘서 기분이 좋아요. 햇님반에는 많은 친구가 있어요. 다른 친구가 "슬기야!"라고 부르면, 나는 "응!"이라고 대답할 수 있어요.
	결론	친구들이 내 이름을 부르면, 나는 대답할 수 있어요.

세 부분으로 구조화하기

※ 정보를 구성한 것을 세 부분으로 구조화합니다.

　　소개, 본문, 결론으로 구조화하면 아이가 이해하기 쉬운 명확한 이야기의 뼈대를 갖추게 됩니다.

상 황	구 성	내 용
	소개	
------------- ------------- -------------	본문	
	결론	

5. 아이가 좋아하는 형태 갖추기

이야기의 구조가 어느 정도 진행되면 아이에게 '사회상황 이야기'를 어떤 형태로 제시하는 것이 좋을지 선택해야 합니다. 즉, 겉모양을 결정하는 것을 말합니다.

형식적인 부분은 아이의 특성에 따라 다양하게 선택될 수 있습니다. 큰 글씨로 직접 써서 벽에 붙일 수도 있고, 작은 핸드북으로 제작할 수도 있습니다. 한 면에 이야기를 모두 제시할 수도 있고, 여러 장으로 나누어 큰 글씨로 제시할 수도 있습니다. 아이를 잘 파악하고 있는 부모나 교사가 '사회상황 이야기'에 적합한 가장 효과적인 형태를 찾을 수 있을 것입니다.

다음은 슬기의 특성에 따라 '사회상황 이야기'의 형식을 구성할 때 고려한 부분들 입니다.

☞ 연령과 언어능력을 고려해야 합니다. 슬기의 연령은 여섯 살이므로 12문장 이하로 구성하고 되도록 짧게 쓰도록 하였습니다. 그런데 이야기를 만들다 보면 20문장 이상이 되는 경우가 종종 있었습니다. 이럴 때는 이야기를 더 상세한 행동으로 나누어 두세 개로 쪼개는 것도 가능합니다.

☞ 슬기는 글자를 알지 못하기 때문에 이야기를 혼자 읽을 수 없습니다. Gray와 Garand(1993)는 읽기에 어려움이 있는 자폐아동의 중재 방법에서 녹음된 사회상 황 이야기를 들으면서 페이지를 넘길 수 있도록 매 쪽이 끝날 때마다 '삐' 소리를 삽입하여 아동이 그 소리를 들은 후 다음 페이지로 넘기도록 제시한 바 있습니다. 슬기의 경우에도 스마트폰의 녹음기를 이용해 매 쪽이 끝나는 신호음으로 실로폰 의 '도' 소리를 삽입하여 오디오 mp3 파일로 제작하였습니다. 즉, 슬기의 '사회상 황 이야기'는 오디오북 형태로 제시하였습니다.

☞ 반복, 리듬, 운율을 고려하면 도움이 됩니다. 슬기는 리듬감 있게 노래로 말하며 전달하는 것을 좋아하고 반복되는 것을 즐거워하므로 가급적 내용에서 리듬감을

느낄 수 있도록 하였습니다.

☻ 내용과 함께 적절한 삽화를 선정해야 합니다. 슬기는 시각자료에 주의 집중을 잘하고 시각적 기억력이 좋은 편이어서 목표행동과 관련 있는 그림을 함께 제시하도록 하였습니다. 특히, 슬기는 검은색을 싫어하고 자신과 관련된 물건은 모두 분홍색이어야 하는 독특한 습관이 있고, 색칠하기를 좋아하기 때문에 선 그림으로 정하였습니다.

☻ 사진이나 동영상을 활용할 수 있습니다. 그러나 세부사항이 많은 사진의 경우 슬기가 내용과 상관없는 부수적인 부분에 한번 집중하면 개입하기 어렵게 되는 경우가 종종 발생했기 때문에 제외하였습니다. 동영상 또한 슬기가 돌발적으로 화면을 끄는 행동을 종종 보여 제외하였습니다.

이야기 형태 갖추기

※ 우리 아이의 특성에 따라 사회상황 이야기의 형태를 계획합니다.

구 분	점 검	형태 계획
언어 능력 및 연령	1. 사회상황 이야기의 문장 개수는 총 몇 개입니까? 2. 사회상황 이야기의 문장 개수는 아동의 연령과 능력을 고려할 때 집중할 수 있는 정도입니까? 　그렇다____ 아니다____ 3. 만약 '아니다'라면, 사회상황 이야기의 주제를 더 세분화하여 쪼개는 것이 가능합니까? 　그렇다____ 아니다____	
반복, 리듬, 운율	1. 사회상황 이야기에서 구절을 반복하거나 운율을 사용하는 것이 청자가 주의 집중하거나 친숙성을 가지는 데 이용될 수 있습니까? 　그렇다____ 아니다____ 2. 사회상황 이야기에서 구절을 반복하거나 운율을 사용하는 것이 주제를 강조하는 데 도움이 될 수 있습니까? 　그렇다____ 아니다____	
삽화	1. 아이가 이러한 형식의 삽화를 이용하는 데 필수적인 기술을 가지고 있습니까? 　그렇다____ 아니다____ 2. 아이가 간단한 그림의 표상적 의미를 이해할 수 있습니까? 　그렇다____ 아니다____ 3. 포함된 그림이나 차트나 그래프가 내용을 더 어렵게 할 수 있습니까? 　그렇다____ 아니다____ 4. 아이는 이전에 이러한 유형의 삽화에 흥미를 나타낸 적이 있습니까? 　그렇다____ 아니다____ 5. 과거에 이러한 삽화가 아이의 주의 집중에 도움이 된 적이 있습니까? 　그렇다____ 아니다____ 6. 두 개 이상의 삽화의 조합이 아이에게 최선의 방법이 될 수 있습니까? 　그렇다____ 아니다____	

6. 안정적이고 부드러운 이야기로 다듬기

앞 장에서 '사회상황 이야기'의 특별함에 대하여 강조하였습니다. 이 특별함은 자폐아동의 관점을 고려하여 긍정적이고 안정적인 어조를 유지하고 있는 배려심이라고 했습니다. 그렇다면 배려심이 느껴지도록 어떻게 다듬으면 좋을까요?

'사회상황 이야기' 지침에 따라 다음 질문들을 고려하여 내용을 다듬어 가면 자연스럽게 아이의 정서를 고려하는 편안한 분위기가 조성됩니다.

☺ 내용이 아이의 입장에서 이해하기 쉽고 편리하게 구성되었나요?

☺ 문장이 1인칭 혹은 3인칭 관점 이외에 서술된 것이 있나요?(2인칭 서술은 제외합니다.)

☺ 내용 중에 아이의 입장에서 지적당하는 느낌을 주는 문장이나 어휘가 있나요?

☺ 내용 중에 아이의 과거 경험이 활용되어 현재와 미래의 행동에 연결될 수 있는 것이 있나요?

☺ 내용 중에 아이의 입장에서 문자 그대로의 의미 외에 다른 의미를 가질 수 있는 어휘가 있나요?

☺ 내용의 의도가 또는 의도한 내용이 최대한 긍정적인 어휘로 표현되고 있나요?

☺ 내용 중에 아이의 입장에서 특별히 부정적인 감정을 일으키거나 관심을 유발시키는 어휘가 있나요?

이야기 다듬기

※ 사회상황 이야기의 문장들이 다음의 기준에 부합하는지 확인해 보세요.

아이가 압박감을 느끼지 않도록 안정적이고 편안한 어조로 다듬어 갑니다.

점검 목록	사회상황 이야기 수정
1. 사회상황 이야기의 문장들이 1인칭 관점이나 3인칭 관점으로 서술되어 있습니까? 그렇다____ 아니다____	
2. 사회상황 이야기의 문장들이 청자의 입장에서 긍정적이고 안정적인 어조로 서술되어 있습니까? 그렇다____ 아니다____	
3. 사회상황 이야기의 문장들이 현재의 정보뿐만 아니라 과거 경험과 미래에 의미를 부과하는 영향력, 자기-효능감 증진, 일반화 지원 등의 잠재적인 가치를 고려하고 있습니까? 그렇다____ 아니다____	
4. 사회상황 이야기의 문장에 표현된 것과 함축한 것이 차이점이 없는 정확한 어휘를 쓰고 있습니까? 그렇다____ 아니다____	
5. 사회상황 이야기의 문장에 의도하는 의미를 표현하기 위해 가장 효과적이고 안정적인 어휘를 사용하고 있습니까? 그렇다____ 아니다____	

7. 정확성과 꼼꼼함 갖추기
– 육하원칙 확인하기

'사회상황 이야기'는 안정적이고 부드러운 어조를 유지하면서도 오해의 여지가 없는 정확한 내용이 될 수 있도록 해야 합니다. 자폐아동 중에는 어휘를 있는 그대로의 의미로만 받아들이는 경우가 있어서 이야기를 만들다 보면 자폐아동의 관점을 놓치는 경우가 있을 수 있습니다.

이에 대비하여 자폐아동이 오해하지 않도록 꼼꼼한 확인이 필요하며, 제작과정에서 육하원칙의 질문을 만족시키는지 미리 확인하면 큰 도움이 됩니다. 각 질문에 대답할 수 없다면 내용을 추가하거나 오해의 여지가 없는지를 점검합니다.

다음 〈표 3–5〉의 사회상황 이야기의 '친구가 이름을 불렀을 때 친구에게 "응!"이라고 대답할 수 있다.'에서 육하원칙을 어떻게 고려했는지 보세요.

〈표 3–5〉 육하원칙 확인하기 예시

사회상황 이야기	육하원칙 질문
나는 햇님반에 왔어요.	누가 어디에 있는가?
친구가 "슬기야"라고 불러요. 친구는 나의 대답을 듣고 싶어 해요.	무엇을 왜 해야 하는가?
나는 "응!"이라고 대답하며 친구를 쳐다봐요. 친구는 내가 대답을 해 줘서 기분이 좋아요. 햇님반에는 많은 친구가 있어요. 다른 친구가 "슬기야"라고 부르면, 나는 "응!"이라고 대답할 수 있어요.	무엇을 어떻게 하는가?
친구들이 내 이름을 부르면, 나는 대답할 수 있어요.	언제 하는가?

이야기 속 육하원칙 확인하기

※ 사회상황 이야기 내용에서 답할 수 있는 육하원칙은 어디서, 언제 상황이 발생했고, 누가 포함
되었는지, 어떻게 사건이 흘러가는지, 무엇이, 왜 일어나는지를 명확히 제시하도록 해 줍니다.

사회상황 이야기	육하원칙 질문
	1. 사회상황 이야기에서 어디서(where) 상황이 발생했는지 설명하고 있습니까? 그렇다____ 아니다____ 2. 사회상황 이야기에서 언제(when) 상황이 발생했는지 설명하고 있습니까? 그렇다____ 아니다____ 3. 사회상황 이야기에서 누가(who) 상황에 포함되었는지 설명하고 있습니까? 그렇다____ 아니다____ 4. 사회상황 이야기에서 무엇(what)이 일어나는지 설명하고 있습니까? 그렇다____ 아니다____ 5. 사회상황 이야기에서 어떻게(how) 상황이 흘러가는지 설명하고 있습니까? 그렇다____ 아니다____ 6. 사회상황 이야기에서 상황이 일어나는 이유(why)에 대해 설명하고 있습니까? 그렇다____ 아니다____

8. '사회상황 이야기'의 일곱 가지 문장 작성 비법

이제 '사회상황 이야기'에서 사용하는 문장을 살펴보겠습니다. 간단한 규칙을 가지고 있어서 두세 개의 문장을 직접 만들어 보면 금방 친숙해집니다.

문장 유형은 다음의 일곱 가지입니다.

① 객관적인 사실을 설명하는 **설명문**
② 사람들의 내적인 면을 설명하는 **조망문**
③ 이야기의 내용을 강조하는 **긍정문**(예: 이것은 좋은 일이에요.)
④ 청자의 내용 이해를 점검하고 격려하는 **미완성문**
⑤ 청자에게 반응을 제안하는 **청자코칭문**
⑥ 청자와 관련된 팀원의 반응을 제안하는 **팀원코칭문**
⑦ 청자가 스스로 할 수 있는 개인 전략을 제안하는 **자기코칭문**

'사회상황 이야기'에 쓰이는 문장 유형에 따라 문장 비율을 조절하면 더 부드러운 분위기가 유지됩니다. 앞의 일곱 가지 규칙을 읽어 보면 이야기를 읽고 있는 이에게 직접 지시적인 역할을 하는 문장들은 '○○코칭문'임을 알 수 있습니다. 지시라는 것은 명령과 같아서 코칭문 위주의 이야기라면 읽고 있는 아이는 압박감을 느낄 수 있습니다. 이러한 압박감을 조절하고 부드러운 분위기를 유지하기 위해서는 코칭문을 적게 쓸수록 좋습니다. 그렇지만 막상 '사회상황 이야기'를 제작하다 보면 우리 아이가 이것도 할 수 있어야 하고 저것도 할 수 있어야 한다는 생각에 떠오르는 게 많아져 코칭문이 점점 늘어날 수 있습니다. 이것을 점검하기 위해서는 설명문과 조망문, 긍정문 개수의 합인 서술문의 개수가 코칭문 개수의 2배 이상이 되도록 해야 합니다.

다음의 '친구가 이름을 불렀을 때 친구에게 "응!"이라고 대답할 수 있다.'에서 일곱 가지 문장 유형을 구분해 보고 질문에 답해 보세요.

〈문장 유형 연습〉

1. 각 사회상황 이야기를 읽고, 문장의 유형을 빈칸에 적어 보세요.

사회상황 이야기 예	문장 유형
나는 햇님반에 왔어요.	
햇님반에는 친구들이 많아요.	
친구가 "슬기야"라고 불러요.	
친구는 나의 대답을 듣고 싶어 해요.	
나는 "응!"이라고 대답하며 친구를 쳐다봐요.	
친구는 내가 대답을 해 줘서 기분이 좋아요.	
햇님반에는 많은 친구가 있어요.	
다른 친구가 "슬기야"라고 부르면 나는 "응!"이라고 대답할 수 있어요.	
이것은 매우 좋은 일이에요.	
친구들이 내 이름을 부르면 나는 "응!"이라고 대답할 수 있어요.	

2. 서술문은 총 몇 개인가요? _____개

3. 코칭문은 총 몇 개인가요? _____개

4. 사회상황 이야기가 문장 작성 지침에 부합합니까? 그렇다 _____ 아니다 _____

★ 답은 뒷장에 있습니다.

〈문장 유형 확인〉 정답

사회상황 이야기 예	문장 유형
나는 햇님반에 왔어요.	설명문
햇님반에는 친구들이 많아요.	설명문
친구가 "슬기야"라고 불러요.	설명문
친구는 나의 대답을 듣고 싶어 해요.	조망문
나는 "응!"이라고 대답하며 친구를 쳐다봐요.	청자코칭문
친구는 내가 대답을 해 줘서 기분이 좋아요.	조망문
햇님반에는 많은 친구가 있어요.	설명문
다른 친구가 "슬기야"라고 부르면 나는 "응!"이라고 대답할 수 있어요.	청자코칭문
이것은 매우 좋은 일이에요.	긍정문
친구들이 내 이름을 부르면 나는 "응!"이라고 대답할 수 있어요.	자기코칭문

여기에서 서술문은 7개, 코칭문은 3개이므로 서술문의 수가 코칭문의 2배 이상 되어야 하는 사회상황 이야기의 문장 공식을 만족하고 있습니다.

이야기 속 문장 유형 확인하기

※ 설명문, 조망문, 긍정문, 청자코칭문, 팀원코칭문, 자기코칭문, 미완성문의 문장 유형에 맞춰 사회상황 이야기 문장을 수정하세요. 이야기 속의 문장 비율도 확인해 보세요.

사회상황 이야기 내용	문장 유형

※ **중요!**

이야기 속의 문장 비율 확인

– 설명문의 개수 + 조망문의 개수 + 긍정문의 개수(완성 또는 미완성) = 서술문의 개수

– 청자코칭문의 개수 + 팀원코칭문의 개수 + 자기코칭문의 개수 = 코칭문의 개수

– 서술문의 개수가 코칭문 개수의 2배 이상인가요?

9. '사회상황 이야기'의 이해도 확인하기

'사회상황 이야기'를 읽고 나면 아이가 이야기를 모두 이해했을까요? 특별한 우리 아이의 입장을 충분히 고려해서 준비한 이야기라고 하더라도 그날 아이의 상태나 이야기 난이도로 인해 의도한 만큼 아이가 이해하지 못했을 수도 있습니다. 따라서 아이가 얼마나 이해했는지 확인하는 것을 고려해야 합니다. '사회상황 이야기'의 문장 중에는 이해 정도를 파악하는 데 활용하는 미완성문 유형이 있습니다.

미완성문의 예를 들어 보겠습니다. 앞의 '친구가 이름을 불렀을 때 친구에게 "응!"이라고 대답할 수 있다.'에서 미완성문을 하나 만들어 보겠습니다.

> 햇님반에는 많은 친구가 있어요.
> 친구가 "슬기야!"라고 부르면 나는 "_____"(이)라고 대답할 수 있어요.

빈칸이 하나 만들어져 있습니다. 아이가 꼭 알아야 할 부분에 빈칸을 만들면 미완성문이 됩니다. 쉽죠?

이야기를 읽고 나서 빈칸 부분은 아이가 직접 대답해 보도록 합니다.

"친구가 이름을 부르면 뭐라고 대답해요?"

"'응'이라고 해."라고 대답하면 내용을 이해했다고 볼 수 있죠.

이야기를 함께 읽고 난 후 아이가 이렇게 시원스레 대답해 주면 정말 기분이 좋습니다. 하지만 때때로 이야기가 어렵거나 내용 이해가 부족해서 대답을 못하는 경우가 있습니다. 실제로 슬기가 어떤 때는 미완성문을 보면 자리를 이탈해서 방으로 뛰어가려고 하거나 손바닥으로 엄마의 입을 막는 등의 행동을 하였습니다. 그럴 때는 도망가려는 슬기의 허리를 안고 "슬기가 빨리 끝내고 싶은가 보구나. ○× 퀴즈 시간!"이라고 슬쩍 방법을 바꿔서 그림을 보고 간단한 질문을 하며 아이가 ○나 ×로 쉽게 답변할 수 있도록 하는 것도 효과적이었습니다.

미완성문 추가하기

※ 완성된 사회상황 이야기에서 아이가 꼭 알아야 할 부분을 빈칸으로 바꿔서 미완성문을 추가해
  보세요.
  아이가 쉽게 답할 수 있고, 비슷한 상황에서 연상해 내기 쉬운 부분을 찾아보세요.
  빈칸의 수는 한두 개이면 충분합니다.

예	사회상황 이야기
나는 햇님반에 왔어요. 친구가 "슬기야!"라고 불러요. 친구는 나의 대답을 듣고 싶어 해요. 나는 "응!"이라고 대답하며 친구를 쳐다봐요 친구는 내가 대답을 해 줘서 기분이 좋아요. 햇님반에는 많은 친구가 있어요. 다른 친구가 "슬기야!"라고 부르면 나는 "응!"이라고 대답할 수 있어요. 친구들이 내 이름을 부르면 나는 "_____" 이라고 대답할 수 있어요.	

자, 어떠세요?

아이 행동 관찰하기, 목표행동 정하기, 정보 구성하기, 이야기 구조화하기, 이야기 형태 갖추기, 이야기 다듬기, 육하원칙 질문에 답하기, 이야기 속 문장 유형 확인하기, 이해도 확인하기까지 차근차근 과정을 거쳐서 나만의 '사회상황 이야기'를 한 편 완성해 보셨나요? 완성된 이야기에 아이를 향한 배려심이 스스로 느껴지세요?

10. 재사용 결정하고 수정하기

'사회상황 이야기'는 바람직한 사회적 행동에 대하여 알려 주는 이야기입니다. 한번 습득한 바람직한 사회적 행동은 연령에 따라서 조금씩 변하기 때문에 여섯 살에 사용했던 이야기를 수정하면서 일곱 살에, 여덟 살에, 열다섯 살에 계속해서 재사용이 가능합니다. 재사용을 위해서는 이야기의 주제는 유지하면서 행동이나 상황 설명을 연령에 맞춰 수정하면 됩니다.

예를 들면, 슬기의 '친구가 내 이름을 부를 때 "응!"이라고 대답할 수 있다.'의 이야기는 유치원 학급에서의 일입니다. 주로 슬기가 유치원의 특수학급에서 일반학급으로 통합시간을 가질 때 일어나는 상황에서 이야기를 제작했습니다. 그런데 슬기가 초등학생이 되었을 때, 초등학교의 학급은 유치원의 학급과는 다르기 때문에 융통성에 어려움이 있는 슬기의 경우 친구에게 대답하지 않을 수 있습니다. 혹은 유치원 친구가 초등학교 친구는 아니라고 생각할 수도 있습니다. 이런 경우는 이야기를 재사용할 수 있습니다. 연령에 맞춰 언어능력이 향상되었다면 문장 수준도 더 높고, 이야기도 더 길게 바꿀 수도 있습니다.

이야기의 수정과 함께 삽화나 사진의 변경도 반드시 필요합니다. 연령에 맞지 않는 시각자료 첨부는 아이에게 혼란을 줄 수 있으므로 주의하셔야 합니다. 이렇게 수정을 하면 한 번 사용한 이야기를 연령에 따라 계속적으로 재사용할 수 있습니다.

　이렇게 이야기들을 하나둘 모으다 보면 세상에 하나뿐인 개인별 맞춤 사회상황 이야기책이 완성될 것입니다.

〈표 3-6〉 수정을 통한 재사용 예시

사용한 사회상황 이야기	재사용된 사회상황 이야기	수정 사항
나는 햇님반에 왔어요. 친구가 "슬기야!"라고 불러요. 친구는 나의 대답을 듣고 싶어 해요. 나는 "응!"이라고 대답하며 친구를 쳐다봐요. 친구는 내가 대답을 해 줘서 기분이 좋아요.	나는 학교에 있어요. 친구가 "슬기야!"라고 불러요. 친구는 나의 대답을 듣고 싶어 해요. 나는 "왜?"라고 대답하며 이름을 부른 친구를 쳐다봐요. 친구는 내가 대답을 해 줘서 기분이 좋아요.	☞ 장소를 변경함 ☞ 유아적인 대답 대신 또래 연령에 맞는 대답으로 변경함
햇님반에는 많은 친구가 있어요. 다른 친구가 "슬기야!"라고 부르면 나는 "응!"이라고 대답할 수 있어요.		☞ 연령이 높아지면서 가능한 것이므로 반복은 뺌
	친구가 나에게 이야기를 해요. 나는 친구의 이야기를 가만히 들어요. 이야기를 들을 때는 친구를 계속 쳐다봐요.	☞ 연결해서 일어나기 쉬운 사회적 행동을 추가함
친구들이 내 이름을 부르면 나는 대답할 수 있어요. 이것은 참 좋은 행동이랍니다.	친구들이 내 이름을 부르면 나는 대답을 하고 이야기를 들을 수 있어요. 이것은 친구를 배려하는 참 좋은 행동이랍니다.	☞ 내용에 추가된 기술에 맞춰 수정함 ☞ 주제를 강조하는 긍정문을 수정함

재사용하기

※ 한 번 사용한 '사회상황 이야기'는 경험을 추가하거나 삽화를 대체하는 등의 과정을 통해 연령
이나 상황에 따라서 수정하여 재사용할 수 있습니다.

사회상황 이야기	수정한 사회상황 이야기

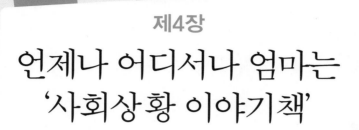

제4장

언제나 어디서나 엄마는 '사회상황 이야기책'

1. 칭찬쟁이 엄마로

슬기를 위해 '사회상황 이야기'를 매일 만들고 여러 이야기를 읽고 수정하면서 엄마가 평상시 쓰는 말들이 변하기 시작했습니다. 가장 먼저 변한 것은 이전보다 칭찬이 많아진 것입니다.

일반 육아서적들을 보면 칭찬은 고래도 춤추게 한다며 아이들을 칭찬하라고 합니다. 하지만 동생보다 말도 어눌하고 배변 실수도 하며 편식도 심하고 매일 예상치 못한 돌발행동으로 엄마를 힘들게 하는 슬기에게 칭찬할 일을 발견하기란 쉽지 않았습니다. 꾸중하고 화내는 일이 훨씬 많지요. 말하는 것이 귀찮고 말문을 열면 화내거나 짜증이 터져 나올까 두렵기도 했습니다. 슬기에게 자해행동이나 혼잣말로 중얼거리는 행동이 나타날까 봐 엄마는 화를 내지도 못하고 자꾸자꾸 화나는 것을 억누르게 되었습니다. 그리고 화를 참으면서 칭찬은 고사하고 말하는 것을 싫어하게 되었습니다. 꼭 필요한 말 이외에는 하지 않는 편이 안전하고 낫다고 생각하게 되었죠.

그런데 '사회상황 이야기'의 목표행동을 정하여 이야기를 만들어서 읽어 준 후 아이가 목표행동을 해 내는 것을 보면 정말 기분이 좋았습니다. 엄마의 기분이 좋으니 저절로 칭찬이 많아졌습니다. 목표행동을 세분하면 할수록 칭찬할 것도 구체적이어지고 많아졌습니다. "그래! 잘했어!" "슬기가 최고예요!"라는 말이 저절로 나옵니다. 칭찬할 것이 많아지니 말이 자연스럽게 많아지고 그 영향력은 참으로 대단했습니다! 칭찬이 많아진 것과 더불어 화내는 것이 줄고 차분하게 일관적인 지도를 하게 되어

아이에 대해 자신감이 높아진 것도 큰 변화였습니다.

'사회상황 이야기'에 아이가 할 수 있는 대안행동을 제시합니다. 목표행동을 하지 못했더라도 문제상황에서 긍정적인 대안행동을 알고 있기 때문에 회상해서 문장을 이야기해 줍니다. 화를 내기 전에 상황을 설명하고 긍정적인 대안행동을 말하다 보니 슬기에게 화를 내기보다 행동에 대한 일관적인 지도를 할 수 있었습니다. 슬기에게 갑자기 화를 낼까 봐 혹은 적절한 무슨 말을 해야 할지 몰라서 아끼던 말이 자연스럽게 많아지면서 스스로 '난 잘하고 있어.' '이번에 화를 안 내고 잘 말했어.'라는 차분한 마음을 가지게 되었습니다.

예를 들면, 슬기는 옷 갈아입히기가 무척 힘든 아이였습니다. 한번 입은 옷은 벗으려고 하지 않고 다른 옷을 입히려면 입지 않으려고 했습니다. 음식물을 흘리고 배변 실수를 하고 바닥에 뒹굴기를 잘해서 옷 갈아입는 일을 하루에도 여러 번 해야 하는데 옷을 갈아입어야 할 때마다 쉬지 않고 울고 협조를 안 해 줘서 진땀을 흘려야 했습니다. 자연히 옷을 갈아입힐 때 늘 화를 내면서 소리를 지르게 됩니다.

옷을 갈아입히려고 할 때면 계속 도망가는 슬기 몸을 다리로 붙잡아 앉히고 "가만히 좀 있어!"라고 합니다. 붙잡으면 울면서 누워 버려서 셔츠의 목 부위를 넣기 위해 "고개를 들어야지!"라고 합니다. 고개를 좌우로 흔들며 싫다고 하는 슬기에게 셔츠를 머리부터 넣으려고 할 때 거부가 한층 심해지면 "시끄러워! 울지마!"라고 크게 소리를 지르며 강제로 옷을 머리에 쑤셔 넣습니다. 옷을 갈아입은 후에도 슬기의 울음은 한동안 계속됩니다. 옷이 싫다고 잡아당기면서 스스로 벗지도 못하고 계속 울고 또 울었습니다. 그런 슬기를 바라보면서 엄마는 '해냈다!'는 안도의 한숨을 쉬지만 잠시 후 곧 다가올 몸싸움을 생각하면 마음이 쓸쓸해지곤 했습니다.

'사회상황 이야기'를 만들면서 옷 갈아입히기에도 대안적 행동을 제시할 수 있었습니다. 이미 다른 행동들을 통해 개선될 수 있음을 경험하고 나면서 자신감과 확신이 생겨서 슬기가 울면서 거부할 때 '화내지 말고 차분하자.'라며 스스로를 격려했습니다.

먼저 옷을 갈아입는 상황을 설명합니다. '옷 갈아입기'라는 단어를 신호로 알려 주어

상황을 인식하게 도와줍니다.

"슬기야, 우유를 흘려서 옷이 젖었구나. 옷이 젖었을 때는 '옷 갈아입기'를 하는 시간입니다."

슬기가 우유를 흘려 옷이 젖어서 계속 울고 있을 때, 화내거나 짜증내는 대신 슬기가 할 수 있는 일을 천천히 일관되게 말합니다.

"'옷 갈아입기'는 슬기가 젖은 옷을 벗습니다. 젖은 옷을 벗고 나면 젖지 않은 옷을 입습니다. 옷을 벗는 것이 힘들면 엄마가 도와줍니다. …… 슬기가 팔을 올리면 아프지 않게 옷을 벗을 수 있습니다. 슬기가 팔을 올리면 엄마는 기분이 좋습니다. …… (슬기가 울면서도 팔을 들어 줍니다.) 네! 참 잘했어요. 최고예요. (엄마는 웃는 얼굴이 됩니다.) …… 네! 다음은 머리 위로 옷이 들어갑니다. 고개를 들면 아프지 않게 옷을 넣을 수 있어요. 슬기가 고개를 들면 엄마는 기분이 좋습니다. …… (계속 울면서도 고개를 들어줍니다.) 네! 참 잘했어요. 최고예요!(엄마는 웃는 얼굴이 됩니다.)"

슬기는 울면서 옷을 입지만 팔을 올려 주고 고개를 들어준 행동에 엄마는 엄청난 칭찬을 합니다. 슬기가 울면서 하고는 있지만 엄마가 화내지 않고 칭찬이 가능한 것은 목표행동이 무엇인지 알고 엄마의 말에 협조를 해 준 슬기의 변화를 진심으로 느낄 수 있었기 때문입니다.

우유를 하루에도 몇 번씩 쏟고 배변 실수를 해도 '옷 갈아입기'를 일관되게 지도하다 보니 어느새 슬기와 옷 갈아입기는 자연스럽게 칭찬 시간이 되고 슬기와 함께 노래를 부르는 시간이 되었습니다.

"에잉…… 우유를 쏟았네. 다음에는 조심해요. 옷이 젖어도 괜찮아요! 슬기가 옷을 갈아입으면 되잖아요! 옷 갈아입기 괜찮아요! …… (옷을 갈아입고 난 후엔) 슬기가 잘해서 참 좋아요. 엄마는 기분이 좋아요!"

이전에는 슬기가 옷을 갈아입었다는 결과에 초점을 두었기 때문에 슬기의 행동을 잘 보지 못했던 것 같습니다. 하지만 점차 옷을 갈아입는 과정에서 보이는 행동에 초점을 두게 되면서 슬기의 사소한 행동 변화에 민감해질 수 있었습니다. 불가능할 것 같지만 날마다 슬기의 행동에 작은 변화가 쌓이는 걸 보면서 매일 일상에서의 즐거움을 경험하고 있습니다.

지침에 따라 만들어진 '사회상황 이야기'에는 한결같은 다정한 매력이 있습니다. 내가 만든 이야기의 다정함에 스스로 위로 받는 때가 많았습니다. 아이의 돌발행동으로 지쳐서 아무것도 할 수 없을 것 같고 장래를 생각하면 암담함에 눈물이 쉬지 않고 흐르는 날도 많았는데요. 그럴 때는 슬기를 위해 만들었던 '슬퍼질 때 행복한 기분 만들기'의 문장이 많은 위안이 되었습니다. 때때로 가진 것을 잃었다고 생각하기보다 지금 가진 것이 더 많다는 것을 깨닫게 해 주어 일상을 새롭게 보도록 해 주었습니다. 슬기를 위해 만들었던 '변화'를 떠올리며 슬픔을 느끼는 것도 곧 지나가리라는 위안을 받기도 했습니다. 하나둘 이런 경험이 쌓여 가다 보니 어느새 슬기는 항상 웃는 얼굴이고 엄마는 칭찬쟁이로 변하게 되었답니다.

2. 엄마의 언어가 가족의 언어로

말 없던 엄마가 말이 많아지고 슬기에게 쓰는 말을 달리하면서 가족도 함께 변하기 시작했습니다.

동생 슬비는 슬기보다 한 살 아래입니다. 슬비는 엄마가 언니에게 하는 행동을 그대로 보여 주는 거울과 같습니다. 언니와 엄마의 모든 행동을 늘 옆에서 보고 있으니까요. 식탁에서 음식을 언제 엎지를지 모르고, 배변 실수를 언제 할지 모르고, 외출할 때 갑자기 뛰어가 버리기도 하고, 잠이 들지 못하는 밤이면 두세 시간씩 데굴데굴 방 안을 구르는 슬기를 언제나 두려움과 불안, 피곤한 마음으로 대하던 엄마 모습을 그대로 보여 준 것은 바로 슬비입니다. 언니를 항상 불안한 눈으로 보는 슬비를 보면 저의 모습이 겹쳐 보이곤 했습니다. 언제나 편안히 있지 못하는 엄마를 도와주고 싶었던 마음일까요? 언제나 언니에게 소리를 지르며 잘하라고 저보다 더 무섭게 대할 때가 많았습니다.

'사회상황 이야기'를 만들어 슬기와 동생 슬비와 함께 읽기 시작하면서 예상치 못했던 가장 큰 기쁨은 슬비의 변화였습니다. 슬비는 처음엔 언니 중심으로 진행되는 이야기 읽기 방식에 강한 질투를 보이며 책을 던지거나 싫다고 소리를 지르고 책상 밑으로 들어가 엉엉 울거나 엄마 등에 올라타서 때리기도 하며 여러 번 책읽기를 중단시켰습니다. 출력해 놓은 이야기책마다 크게 × 표시를 해서 다시 출력을 해야 하는 경우도 많았습니다. 어렵게 슬기의 흥미를 유발시켜 시작하게 된 이야기책 시간이 슬비의 방해로 중단될 때는 정말 당황스러웠지만, '사회상황 이야기'의 지침을 생각하며 화를 참고 슬비도 슬기와 똑같은 방법으로 대하였습니다. 슬기와 슬비에게 동일하게 반응하며 최대한 관심을 공평하게 나누면서 함께 책상에 앉아 책 읽기를 진행한 결과, 하나둘씩 변화가 보이기 시작했습니다.

사회상황 이야기책 읽기를 시작한 지 12회기 정도에 가서는 슬비와 슬기 모두 기다리면 자기 차례가 온다는 것을 깨닫고 참고 기다리는 모습이 나타났습니다. 슬기는 말하고 싶을 때 참지 못하고 계속 말하는 편이라서 평상시에도 종종 슬비가 소리를 지르며 "언니, 시끄러워! 그만해!"라고 할 정도였습니다. 그런데 어느새 엄마가 동생 슬비에게 이야기책을 읽어 주고 있는 동안에 슬기가 빙글빙글 웃는 얼굴로 말하지 않고 참고 기다리는 모습을 보고 정말 놀라웠습니다.

동생 슬비는 선 그림에 색칠하는 언니에게 "언니, 정말 잘한다!"라며 곧잘 칭찬을 하기 시작했습니다. 언니보다 뭐든지 먼저 칭찬받고 우선이 되지 않으면 울화를 보이던 그동안의 슬비를 생각하니 이 또한 얼마나 기특했는지 모릅니다. 게다가 엄마가 하는 말들을 언니에게도 그대로 쓰며 "이럴 땐 '괜찮아.'라고 하세요." "인사는 다가가서 하세요."라며 진지하게 말하는 모습에 웃음을 터트리는 일도 많았습니다. 슬비가 이전에 쓰지 않던 "정말 최고예요!" "정말 기뻐요!" "대단해요!" 등의 엄마 말을 그대로 하고 있는 것을 보며 신기한 순간도 많았습니다.

아빠는 직장 일로 슬기와 많은 시간을 가지지 못했기 때문에 매일 슬기의 변화를 보는 엄마나 동생 슬비와는 달리 슬기의 문제행동으로 버럭 화를 내는 일이 많았습니다.

TV 시청 중인데 갑자기 전원을 꺼 버리면 "슬기야, 그만두지 못해!"라며 버럭 소리를 지른다거나, 슬기가 음식을 엎거나 길에서 누워 버리거나 하면 "아우!"하며 화를 내곤 했습니다. 화를 내고 나면 아빠도 미안한지 "난 도저히 당신처럼 못하겠어!"라며 한숨을 쉰 적도 있었습니다. 그랬던 아빠도 어느 날부터 "슬기야, 갖고 싶을 때는 울지 말고 '주세요.'라고 하자."라든가 "슬기야, 다른 만화를 보고 싶을 때는 '바꿔 주세요.'라고 말하자."라는 대안행동을 제시하며 화내는 일이 줄어들기 시작했습니다! 부드럽게 말하는 아빠에게 슬기와 슬비도 훨씬 쉽게 다가갈 수 있게 되었습니다.

어느새 긍정적이고 대안적으로 표현하며 대화하는 것이 일상이 된 저희 가족을 보고, 어떤 사람은 "너희 가족 말하는 거 정말 닭살이야!"라는 말까지 했답니다.

3. 외출이 두렵지 않아요!

'사회상황 이야기'를 슬기와 함께하면서 새로운 상황에 대한 두려움이 해소되고 일상에서 포기하고 있던 일들에 도전을 하기 시작했습니다.

그중 하나가 미용실에 가기였습니다. 슬기를 데리고 미용실에 가려고 여러 번 시도하였지만 슬기는 머리를 자르는 일에 매우 예민하여 번번이 실패하고 미용실 입구에서 울다가 폐만 끼치고 그냥 오곤 했습니다. 미용실에 가는 것이 그렇게 미안하고 힘든 일이 될 수 있다는 걸 슬기를 통해 알게 되었습니다. 한번은 아빠가 협조를 해 주어 꼭 성공해야겠다고 단단히 결심을 하고는 아빠와 함께 과자와 휴대폰 동영상을 이용해서 슬기가 미용실에 들어가 의자에 앉기까지 순조로웠던 적이 있습니다. 하지만 막상 머리카락을 자르기 시작하니 울면서 몸을 뻗기 시작했는데 단단히 결심을 하고 간 날이라 그런 슬기를 보고도 포기하지 못하고 몸은 엄마가 잡고 아빠가 휴대폰으로 뽀로로를 보여 주면서 겨우 머리를 잘랐습니다. 슬기가 얼마나 울었는지 머리카락이 땀에 흠뻑 젖을 정도였습니다. 하지만 미용사는 진땀을 빼면서 머리를 자른 후 굳은 표정으로 우리에게 "다음에 오시면 힘들겠는데요⋯⋯."라고 해서 도저히 미용실을 다시 갈 수가 없었습니다. 그 이후로는 복지관에서 이·미용 서비스를 받기 전까지는 엄마가 삐뚤게 하더라도 머리를 매번 집에서 잘랐습니다. 욕실에서 비눗방울을 불면서 슬기가 비눗방울에 기뻐하는 동안 대충대충 머리를 자르는 식으로 5년을 보냈습니다. 하지만 여섯 살이 된 슬기의 머리를 이제 단정하고 예쁘게 만들고 싶었습니다. '사회상황 이야기'의 효과를 보면서 혹시나 하는 마음에 기존의 사회상황 이야기를 수정하여 '예쁜 머리 만들기' 이야기를 만들어 슬기와 함께 읽고 일주일 후에 미용실 가기를 성공했습니다!

나의 머리카락은 점점 자라요.
때때로 머리카락을 자르는 것이 좋아요.
미용실에 가면 미용사가 있어요.
미용사는 머리카락 자르는 것을 아주 잘해요.
미용사가 머리카락을 자를 때 아프지 않아요.
미용사는 머리카락을 잘라서 예쁜 머리를 만들어요.

나는 예쁜 머리를 만들고 싶어요.
나는 머리카락을 잘라도 괜찮아요.
이건 정말 좋은 생각이에요.
나는 미용실에 가서 머리카락을 자를 수 있어요.

〈그림 4-1〉 예쁜 머리 만들기

"그래! 예쁜 머리 만들기 하자."라고 하며 순순히 미용실에 들어가 의자에 앉는 슬기가 얼마나 놀라웠는지요. 이후로 미용실에 가고 싶을 때는 "예쁜 머리 만들기 하자."라고 말합니다.

미용실 가기처럼 사전에 '사회상황 이야기'를 준비하고 외출하면 확실히 엄마의 불안감도 줄고 슬기도 예상한 곳에 가서 그런지 산만하고 부산스러운 느낌이 적은 편입니다. 하지만 일상에서 언제나 예상할 수 있는 곳만 가는 것은 아닙니다. 예상치 못한 곳에 가는 경우에도 '사회상황 이야기'로 익숙해진 엄마는 새로운 곳에서도 쉽게 상황을 대처할 수 있게 되었습니다. 돌발행동을 보여도 아이에게 꾸중을 하거나 사전에 문제를 막지 못한 자신을 자책하기보다는 '아, 슬기가 상황을 모르고 있겠구나!'라는 생각이 먼저 들어 쉽고 간단한 문장으로 새로운 상황에 대한 설명을 시도하게 되었죠. '슬기가 이 상황에서 무슨 행동할 수 있을까?'를 다음으로 자연스럽게 생각하고, 슬기가 도저히 행동할 수 없는 상황이라는 판단이 드는 경우이면 엄마는 즉시 슬기에게 사과를 했습니다. '슬기로서는 이 상황에서 도저히 어떻게 할 수 없겠구나. 울화 행동을 하기 전에 피하는 게 좋겠다.'라는 판단을 하게 됩니다. 그리고 갑자기 상황을 피할 때는 꼭 슬기에게 미안하다고 말합니다. '엄마가 슬기에게 어려운 상황인데 데려왔구나. 미안하구나!'라는 생각이 저절로 나며 슬기에게 바로 이야기하게 되었습니다.

언제나 외출마다 대안행동을 제시해 주는 것이 습관이 되고, 힘들 것 같은 상황은 미안하다고 자리를 피해 주며 슬기의 의견을 존중해 주다 보니 슬기는 외출을 두려워하지 않고 엄마를 믿고 어느 곳이나 갈 수 있게 되었습니다. 힘들다는 표현을 하기 전에 엄마가 언제나 자신의 의견을 물어보기 때문에 질문을 하면 스스로 조절가능한 곳인지 선택하는 모습도 보여 주어 놀라곤 합니다.

놀이공원에 가서는 놀이기구를 자신이 탈 수 있는 것인지 스스로 판단해서 "저건 탈 수 있겠다!"라고 말하며 놀이기구를 타기도 합니다. 새로운 음식을 먹어야 할 때는 모형을 보거나 사진을 보고 "저거 먹어봐야겠다!" 하며 먹고, "저기 가야겠다!" 하며 새로운 산책길을 찾아갑니다. 새로운 것에는 언제나 완강히 거부하고 버티던 아이가 이렇게 변하다니 놀랍기만 합니다.

7살이 된 슬기와는 요즘 동네 도서관에 매주 가고 있습니다. 도서관에 있는 다양한 책 중에서 스스로 좋아하는 책을 찾아내는 슬기를 보면 기특하기만 합니다. 책을 좋아하는 장점을 살려서 슬기가 장차 지역도서관에서 직업을 구할 수 있다면 좋겠다고 엄마는 기대하고 있습니다. 그래서 매주 토요일마다 도서관에 찾아가 책도 보고 아이스크림도 먹고 놀면서 익숙해지도록 하고 있습니다.

　도서관에서는 어떤 기술이 필요한지 보고 '사회상황 이야기'를 만들기 위해 슬기의 행동을 관찰하면서 소소한 즐거움들을 느낍니다. 처음 책을 골라서 뽑아 들고는 도서 대출대에 가서 "그런데 이 책 얼마예요?"라고 해서 얼마나 웃었는지 모릅니다. 글자를 읽을 수 있는 슬기가 '쉿, 조용히!' 라는 글자를 큰 소리로 읽더니 깔깔 웃으며 자랑스럽게 엄마를 쳐다보기도 했습니다. 컴퓨터에서 도서 검색하는 것을 함께할 때 자음, 모음 자판을 치면서 궁금한 단어를 쉬지 않고 입력하는 것도 보았습니다. 이 모든 시행착오 뒤에 매주 도서관을 가면서 하나씩 바른 행동들을 알아 가고 있습니다. '사회상황 이야기'를 만들지 않고도 슬기가 질문하면 상황에 맞게 대안행동을 반복해서 이야기해 주는 것만으로도 서서히 기술을 익히는 것이 가능했습니다. 이제 슬기는 '사회상황 이야기' 없이 엄마의 간단한 설명과 지도만으로도 언제, 어디를 다니든 일상생활과 관련된 간단한 기술들을 익히는 것이 가능합니다. 이제는 식당이든 미용실이든 아이스크림 가게이든 슬기의 문제행동으로 가족이 힘겹게 뒤돌아 나와야 하는 일은 거의 없어졌습니다. 차분히 상황을 설명하고 대안행동을 제시하고 칭찬하는 과정을 반복하면서 슬기가 스스로 조절해 낼 수 있다는 것을 믿게 되었기 때문입니다.

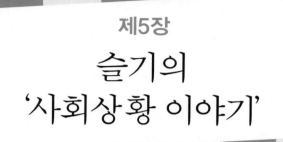

제5장

슬기의
'사회상황 이야기'

8

슬기를 관찰하며 선정했던 이야기 목록은 다음과 같습니다. 이야기를 읽는 당사자인 슬기의 관점을 배려하여 갈등 상황을 견딜 수 있는 정도로 이야기를 전개시켜 나갔습니다. 언제 자신의 기분이 좋은지 알기를 바라며 선정된 1편을 시작으로 초반에는 '기분 좋은' 정서와 관련지은 이야기들로 전개하였습니다. 엄마와 이야기책 읽기 과정이 안정되고 책 읽기 자체를 좋아하는 중반부터는 16편 '변화' 이야기를 시점으로 하여 '불편함'과 관련지어 불편하거나 슬픈 상황에서 이를 받아들이고 해결해 나가는 이야기들로 진행하였습니다. '실패'나 '따돌림'과 관련된 더 많은 이야기는 『The new social story™ book』 (Gray, 2010)에 있습니다.

슬기의 '사회상황 이야기' 제목과 목적

순서	제목	목적
1	행복은 기분 좋은 것	기분 좋은 것에 대한 이해
2	친구가 내 이름을 부를 때	대답하는 것은 기분 좋은 것
3	적당한 거리에서 이야기하기	이야기하는 것은 기분 좋은 것
4	적당한 거리에서 인사하기	인사하는 것은 기분 좋은 것
5	행복한 기분 만들기	웃는 얼굴은 다른 사람을 기분 좋게 하는 것
6	적당한 거리로 줄을 서기	줄 서기는 기분 좋은 것
7	적당한 거리로 둥글게 앉거나 서기	다른 사람과 앉기는 기분 좋은 것
8	웃는 얼굴	다른 사람의 웃는 얼굴 알기
9	듣고 내 차례에 말하기	다른 사람의 기분 좋은 것 알기
10	이야기를 들을 때 눈을 쳐다보기	다른 사람의 기분 좋은 것 알기
11	손과 발을 움직이지 않고 가만히 듣기	다른 사람의 기분 좋은 것 알기
12	하루 중 아는 사람을 처음 만났을 때	다른 사람의 기분을 좋게 하기
13	교실 밖이나 복도에서 아는 친구와 마주쳤을 때	다른 사람의 기분을 좋게 하기
14	교실에서 나갈 때 헤어지는 인사하기	다른 사람의 기분을 좋게 하기
15	다른 사람이 교실에서 나갈 때 헤어지는 인사하기	다른 사람의 기분을 좋게 하기
16	변화	기분 좋은 것에서 불편한 것으로의 변화 이해
17	불편함은 뭘까?	불편한 것에 대한 이해 찡그린 표정은 다른 사람이 불편한 것
18	슬퍼질 때 행복한 기분 만들기	불편한 것에서 기분 좋은 것으로의 변화
19	도와 달라고 하기	불편한 것에서 도움을 요청하여 기분 좋은 것으로 변화시키기

순서	제목	목적
20	친구에게 장난감 빌려 달라고 하기	불편한 것에서 도움을 요청하여 기분 좋은 것으로 변화시키기
21	"감사합니다."라고 말하기	다른 사람의 기분을 좋게 하기
22	"고마워."라고 말하기	다른 사람의 기분을 좋게 하기
23	나누기는 뭘까?	다른 사람과 나누는 것에 대한 이해
24	무언가 나누어 줄 때 받기	받기는 기분 좋은 것
25	내가 가진 것 나누기	주기는 기분 좋은 것
26	배려는 뭘까?	배려하는 것은 기분 좋은 것
27	"미안해."라고 말하기	"미안해." 말하기는 배려하는 것
28	"괜찮아."라고 말하기	"괜찮아." 말하기는 배려하는 것
29	허락 구하기	허락 구하기는 배려하는 것
30	"안 돼."라는 말을 들었을 때 기다리기	기다리기 배우기
31	친구에게 하는 일 묻기	질문하고 기다리기
32	책을 보는 친구에게 이야기하기	질문하고 기다리기
33	내가 한 것 자랑하기, 친구가 한 것 칭찬하기	이야기 순서 기다리기
34	이야기를 그만 듣고 싶을 때	끝내는 인사하기는 배려하는 것
35	이야기를 그만 듣고 싶은지 묻기	끝내는 인사하기는 배려하는 것
36	친구에게 같이 놀자고 말하기	질문하고 기다리기, 기분 변화시키기
37	다른 친구들과 놀고 있는 친구에게 함께 놀자고 물어보기	기분 변화시키기, 함께 놀자고 물어보기
38	친구가 나에게 같이 놀자고 할 때 대답하기	대답하기는 배려하는 것
39	양보는 뭘까?	양보는 기분 좋은 것
40	친구와 하고 싶은 놀이가 서로 다를 때	양보하며 기다리기, 타협하기

이야기책 표지	사용법
이야기책 제목을 제시하고 동기를 유발합니다.	

엄마랑 함께하는

이야기책 ＿＿권

규칙적으로 이야기를 보여 주신다면 권 번호를 써 넣어 주세요. 수 인식에 도움이 됩니다.

제목:＿＿＿＿＿＿＿＿＿

목표행동과 관련된 간단하고 쉬운 제목을 정하여 아이 입장에서 연상하기 쉽도록 제시해 주세요.

이야기 한 편마다 표지를 반복 사용해 동기 유발에 효과를 보았습니다.

엄마 이름을 반복 제시하였더니 슬기가 글자를 외우고 쓸 수 있었습니다. 글자를 모르는 아이라도 자신의 이름이나 특별한 문구를 반복 제시해 보세요.

아이가 기분 좋은 정서를 느낄 수 있는 자신의 웃는 얼굴이나 가족사진 등을 표지에 넣어 주세요.

＿＿＿＿＿ 글·그림

엄마랑 함께하는
이야기책 __권

제목:_____

_____ 글·그림

1. 제목

이야기마다 간단한 제목이 있습니다. 이야기책 표지에 제시한 제목입니다.

2. 제목 아래

아이 입장에서 이야기의 목적을 기술하였습니다.

3. 동기

아이가 이해해야 하거나 배웠으면 하는 행동에 대한 계기에 대하여 간단히 기술하였습니다.

4. 목적

동기에서 기술한 것에 대하여 아동이 이해할 내용, 배워야 할 행동에 대하여 기술하였습니다.

6. 출처 및 참고

사용한 사회상황 이야기의 출처를 제시하였습니다.

7. 빈칸

아이에게 질문하여 들은 대답을 엄마가 적어 주었습니다.

8. 삽화

이야기에 따라 연상되는 삽화를 선 그림으로 그린 후 스캔하여 삽입하였습니다.

9. 페이지

이야기에 따라 페이지 수 변동이 있습니다.

'현재 페이지/총 페이지 수'를 표시하였습니다.

5. 질문 예

중재활동 시 적절한 질문을 통해 상호작용하는 것이 매우 중요합니다. 아동이 답하기 어려운 질문을 하면 이야기책 읽기를 힘들어할 수 있기 때문입니다.

질문 예에는 슬기와 주고받은 동기 유발용, 주의 환기용, 이해도 확인용 질문 예를 제시하였습니다.

동기 유발용 질문은 이야기책을 읽기 전에 관심 집중을 하기 위한 질문입니다.

주의 환기용 질문은 이야기책 진행 중 아동이 세부사항에 빠지거나 색칠하기에 과몰입하기 전에 중재활동 진행이 끊이지 않도록 주의환기를 하기 위한 질문입니다.

이해도 확인용 질문은 이야기책 읽기가 끝나면 아이의 이해도를 살피는 질문입니다.

| 동기 　슬기는 기분 좋은 감정을 언제 느끼는 걸까요?

| 목적 　자신의 긍정적인 정서를 언어로 인식할 수 있도록 합니다.

| 질문 예 　"슬기가 좋아하는 물건이 뭐지요?"

　　　　　"그림 속 슬기 표정이 어때요?"

| 출처 및 참고 　Poortvliet(2000).

사람은 행복할 때 웃는 얼굴이 돼요.

웃는 얼굴은 사람들을 기분 좋게 해요.

내가 웃는 얼굴이면 사람들은 내가 기분이 좋다고 생각해요.

나는 좋아하는 물건이 있으면 행복한 기분이 돼요.

내가 좋아하는 물건은 _____와 _____이에요.

| 동기　슬기는 친구에게 대답하는 것이 기분 좋은 일이라는 것을 알고 있을까요?

| 목적　친구에게 "응!"이라고 대답할 수 있게 가르칩니다.

| 질문 예　"슬기야, 친구가 내 이름을 부를 때 뭐라고 대답해야 할까요?"

　　　　　"친구에게 대답할 때 슬기는 어디를 보아야 할까요?"

나는 유치원에 있어요.

햇님반 친구와 선생님과 함께 별님반에 왔어요.

별님반에는 햇님반보다 친구들이 많아요.

멀리 있는 친구도 있고, 가까이에 있는 친구도 있어요.

멀리 있는 친구가 "슬기야." 라고 불러요.

나의 이름을 부른 친구는 대답을 듣고 싶어 해요.

나는 "응!" 이라고 큰 소리로 대답하고 친구를 쳐다봐요.

친구는 내가 대답해 줘서 기분이 좋아요.

가까이에 있는 친구가 "슬기야."라고 불러요.

나의 이름을 부른 친구는 대답을 듣고 싶어 해요.

나는 "응!"이라고 상냥한 목소리로 대답하고 친구를 쳐다봐요.

친구는 내가 상냥하게 대답해 줘서 기분이 좋아요.

친구가 이름을 부를 때 대답하는 것은 중요한 일이에요.

다른 친구가 "슬기야."라고 부르면 나는 "응."이라고 대답할 수 있어요.

친구들이 내 이름을 부르면 나는 대답할 수 있어서 기분이 좋아요.

3 **적당한 거리에서 이야기하기**
적당한 거리에서 이야기하는 것은 기분 좋은 일임을 알 수 있습니다.

페이지
1/5

| 동기 슬기는 친구와 이야기하는 적당한 거리를 알고 있을까요?

| 목적 친구와 이야기할 때는 팔을 뻗을 수 있는 정도의 거리로 다가가야 한다는 것을 알도록
합니다.

| 질문 예 "친구가 보여요. 친구와 이야기하고 싶을 때는 제일 먼저 어떻게 해야 할까요?"
"친구와 이야기할 때 적당한 거리는 어느 정도일까요?"

나는 유치원에 있어요.

별님반에는 햇님반보다 친구들이 많아요.

멀리 있는 친구도 있고, 가까이에 있는 친구도 있어요.

나는 친구들에게 이야기를 하고 싶어요.

나는 멀리 있는 친구 하은이와 이야기를 하고 싶어요.

멀리 있는 친구와 이야기하고 싶을 때는 큰 소리로 말해야 해요.

큰 소리로 말하면 다른 친구들이 깜짝 놀랄 수 있어요.

멀리서 이야기하면 친구에게 내 목소리가 안 들릴 수도 있어요.

또 내 이야기를 다른 친구들이 다 들을 수도 있어요.

이야기를 할 때는 팔을 뻗을 수 있을 정도로 떨어져서 하는 것이 가장 좋아요.

나는 친구에게 이야기하기 위해 팔을 뻗을 수 있는 정도로 다가가요.

나는 친구를 보며 친구의 이름을 불러 봐요.

"하은아."

친구가 내 얼굴을 봐요.

나는 친구에게 하고 싶은 이야기를 해요.

친구는 나에게 대답해요.

　　다른 사람에게 이야기할 때는 팔을 뻗을 수 있을 정도로 떨어져서 하는 것이 좋아요.

　　적당한 거리에서 이야기를 하는 것은 기분 좋은 일이에요.

　　나는 적당한 거리에서 이야기할 수 있어요.

| 동기 슬기는 적당한 거리에서 인사하는 것을 알고 있을까요?

| 목적 인사할 때는 적당한 거리에서 선생님에게 "안녕하세요.", 친구에게 "안녕."이라고 할 수 있도록 합니다.

| 질문 예 "선생님을 만났어요. 인사할 때 뭐라고 말할까요?"
"친구를 만났어요. 인사할 때 뭐라고 말할까요?"

나는 유치원에 왔어요.

유치원에 가면 친구들이 있고 선생님도 있어요.

아는 사람을 오늘 처음 보면 인사를 해요.

오늘 처음 보는 선생님께는 팔을 뻗을 수 있을 정도로 떨어져서 "안녕하세요."라고 말해요.

선생님께 인사할 때는 선생님을 향해 고개를 숙여서 해요.

인사를 받아서 선생님은 기분이 좋아요.

오늘 처음 보는 친구에게는 "안녕." 하고 인사해요.

친구에게 인사할 때는 친구를 보며 친구를 향해 팔을 뻗을 수 있을 정도로 떨어져서 하는 것이 좋아요.

친구도 나에게 "안녕." 이라고 인사해요.

친구와 인사할 때는 손을 흔들 수도 있어요.

오늘 처음 만난 사람에게 인사를 하는 것은 좋은 일이에요.

서로 얼굴을 보며 적당한 거리에서 인사를 하는 것은 기분 좋은 일이에요.

나는 적당한 거리에서 인사할 수 있어요.

| 동기　슬기는 다른 사람의 기분을 좋게 만들 수 있다는 걸 알고 있을까요?

| 목적　다른 사람의 기분이 좋은 것을 함께 느낄 수 있도록 합니다.

| 질문 예　"엄마가 안아 주면 기분이 어때요?"
　　　　　"엄마가 웃는 얼굴이면 기분이 어때요?"

| 출처 및 참고　Wendt(2000).

사람들은 웃는 얼굴 보는 것을 좋아해요.

웃는 얼굴은 사람의 기분을 좋게 해요.

엄마나 아빠가 가끔 나를 꼭 안아 줄 때가 있어요.

나는 안기면 행복한 기분이 돼요.

나도 엄마나 아빠를 안아 주면 행복한 기분이 되게 해 줄 수 있어요.

선생님께 "안녕하세요."라고 인사하는 것은 기분 좋은 일이에요.

친구에게 "안녕."이라고 인사하는 것은 기분 좋은 일이에요.

행복한 기분이 되게 하는 것은 좋은 일이에요.

사람들이 기분이 좋으면 나도 기분이 좋아요.

┃ 동기 　슬기는 사람들과 적당한 거리를 유지하며 서 있는 것이 줄 서기라는 것을 알고 있을까요?

┃ 목적 　줄 서기는 자신의 안전을 위해서 기분 좋은 일이란 걸 알 수 있도록 합니다.

┃ 질문 예 　"줄 서기가 어려울 때는 누가 도와주나요?"
　　　　　 "친구와 너무 가깝게 서 있을 때 친구들의 기분은 어떨까요?"
　　　　　 "그림 속 친구는 햇님반 누구 같아요?"

┃ 출처 및 참고 　Gray(2010: 180).

나는 유치원에 있어요.

선생님은 유치원에서 우리 반의 안전을 위해 중요한 결정을 하세요.

선생님은 유치원에서 우리에게 줄을 서라고 할 때가 있어요.

줄을 서는 것은 중요한 일이에요.

유치원에서는 줄을 서서 기다리거나 줄을 서서 이동할 때가 있어요.

이것은 많은 친구가 함께 안전하게 이동하고 걸어갈 수 있게 해요.

줄을 서서 기다리거나 줄을 서서 이동할 때는 친구들과 조금씩 떨어져서 서요.

이것은 좋은 일이에요.

친구들끼리 서로 너무 가깝게 있으면 걸려 넘어지거나 부딪힐 수 있어요.

만약 내가 줄을 서는 것이 어려우면 선생님이 도움을 줄 수 있어요.

선생님은 줄을 잘 서도록 도와주실 거예요.

가끔 엘리베이터나 버스처럼 좁은 공간에 사람들이 많아서 다른 사람들과 가까이 있어야 할 경우도 있어요.

사람들은 이런 경우에 괜찮다고 생각해요.

    많은 사람이 있을 때나 많은 친구와 줄을 설 때 적당한 거리를 유지하는 것은 중요한 일이에요.

    조금씩 떨어져서 적당한 거리를 유지하는 것은 기분 좋은 일이에요.

    나는 줄을 서거나 기다릴 때 친구들과 적당한 거리를 유지할 수 있어요.

ㄱ 적당한 거리로 둥글게 앉거나 서기
적당한 거리로 둥글게 앉거나 서기는 기분 좋은 것임을 알 수 있습니다.

페이지
1/6

| 동기 슬기는 사람들과 적당한 거리를 유지하며 둥글게 앉을 때 자기 자리를 찾을 수 있을까요?

| 목적 둥글게 앉아 서로를 마주보며 활동하는 것은 기분 좋은 일이란 걸 알도록 합니다.

| 질문 예 "둥글게 앉을 때는 누가 도와주나요?"

"둥글게 앉을 때 무슨 모양을 생각하면 좋을까요?"

"그림 속 친구는 햇님반 누구 같아요?"

나는 유치원에 있어요.

선생님은 유치원에서 친구들이 같이 활동할 때 중요한 결정을 하세요.

ㄱ 적당한 거리로 둥글게 앉거나 서기
적당한 거리로 둥글게 앉거나 서기는 기분 좋은 것임을 알 수 있습니다.

페이지
2/6

선생님은 유치원에서 우리에게 둥글게 앉으라고 할 때가 있어요.

둥글게 앉는 것은 친구들과 함께 앉았을 때 동그라미 모양이 되게 하는 것이에요.

둥글게 앉는 것은 중요한 일이에요.

유치원에서 선생님과 친구들이 같이 공부를 하거나 게임을 할 때 둥글게 앉아서 기다릴 때가 있어요.

이것은 많은 친구가 서로를 보면서 함께 활동할 수 있게 해요.

자리에 잘 앉아 있으면 선생님과 친구들이 나를 잘 알아볼 수 있어요.

나는 둥글게 자리에 앉아서 친구들과 활동할 수 있어요.

이건 참 기분 좋은 일이에요.

둥글게 앉을 때는 친구들과 조금 떨어져서 옆에 앉아요.

많은 사람이 함께 둥글게 앉을 때는 적당한 거리를 유지하는 것이 좋아요.

만약 내가 둥글게 앉는 것이 어려우면 선생님이 도움을 줄 수 있어요.

선생님은 내가 둥글게 앉을 수 있도록 도와주실 거예요.

가끔 둥글게 서서 활동할 때도 있어요.

이런 경우도 친구들과 함께 서서 동그라미 모양이 되게 하는 것이에요.

많은 사람이 둥글게 서 있을 때도 적당한 거리를 유지하는 것이 좋아요.

친구들과 둥글게 앉거나 설 때 자리에서 기다리는 것은 중요해요.

사람들은 적당한 거리를 유지하면 기분이 좋아요.

나는 둥글게 앉거나 설 때 친구들과 적당한 거리를 유지할 수 있어요.

| 동기   슬기는 다른 사람들의 웃는 얼굴 표정을 알아볼 수 있을까요?

| 목적   다른 사람의 웃는 얼굴을 보고 기분 좋은 것들을 연상할 수 있도록 합니다.

| 질문 예   "그림 속 슬기의 표정이 어때요?"

"웃는 얼굴을 보면 뭐가 생각나요? 빈칸에 그림을 그려 볼래요?"

"그림 속 친구는 햇님반 누구 같아요?"

| 출처 및 참고   Gray(2010: 127).

사람들은 웃는 얼굴을 좋아해요.

사람들이 웃을 때면 입가가 올라가고 치아가 보여요.

입가가 올라가도 치아가 보이지 않을 때의 웃는 얼굴은 '미소'라고

해요.

사람들이 웃을 때는 기분이 좋은 것이에요.

웃는 얼굴은 '나는 슬기를 봐서 행복해.'라는 뜻일 수도 있어요.

웃는 얼굴은 '나는 기분이 좋아.'라는 뜻일 수도 있어요.

웃는 얼굴은 '나는 행복해.'라는 뜻일 수도 있어요.

웃는 얼굴은 '나는 슬기와 이야기하고 싶어.'라는 뜻일 수도 있어요.

웃는 얼굴은 '나는 슬기와 같이 놀고 싶어.'라는 뜻일 수도 있어요.

웃는 얼굴은 많은 다른 뜻일 수도 있어요.

친구들은 내가 웃는 얼굴일 때 나의 기분이 좋다는 것을 알 수 있어요.

나는 엄마에게 안길 때 기분이 좋아요.

나는 기분이 좋을 때 웃는 얼굴이 돼요.

대부분의 사람은 웃는 얼굴이 되면 기분이 좋은 것이에요.

사람들은 행복할 때 웃는 얼굴이 돼요.

행복은 미소와 웃는 얼굴이 있는 곳에서 자주 볼 수 있어요.

사람들은 나의 웃는 얼굴에서 행복을 볼 수 있어요.

| 동기   슬기는 사람들이 다가와 말을 하면 듣고 나서 말할 수 있을까요?

| 목적   친구가 다가와 이야기하는 것을 듣고 나면 내가 말하는 차례라는 것을 알도록 합니다.

| 질문 예   "그림 속 친구는 뭘 하고 있나요?"

        "친구가 다가와 이야기할 때 슬기는 어떻게 해야 할까요?"

        "그림 속 친구는 햇님반 누구 같아요?"

| 출처 및 참고   Gray(2010: 89).

나는 유치원에 있어요.

햇님반에는 친구들과 선생님이 있어요.

친구들이나 선생님이 이야기를 하고 있어요.

가끔 친구나 선생님이 나에게 다가와 이야기를 할 때가 있어요.

9 듣고 내 차례에 말하기
사람들이 다가와 이야기할 때 듣기를 하여 내가 말하는 차례를 알 수 있습니다.

페이지
2/4

친구가 나에게 다가와서 말해요.

다른 사람들이 나에게 이야기할 때는 듣는 것이 중요해요.

나는 친구의 이야기를 듣고 무엇을 말해야 할지 생각할 수 있어요.

듣기는 내가 말하는 차례를 알 수 있게 해 줘요.

이것은 정말 중요해요.

친구와 이야기를 주고받으려면 듣기와 말하기를 차례대로 하는 것
이 중요해요.

친구의 이야기가 끝나면 내 차례예요.

나는 친구에게 내가 생각한 것을 말해요.

친구는 나의 이야기를 들어요.

순서를 지켜 차례대로 말하는 것은 기분 좋은 일이에요.

9 듣고 내 차례에 말하기
사람들이 다가와 이야기할 때 듣기를 하여 내가 말하는 차례를 알 수 있습니다.

페이지
4/4

듣기는 다른 사람들과 기분 좋게 이야기를 주고받을 수 있는 중요한 일이에요.

친구가 말할 때 동시에 말하면 친구가 말한 것을 들을 수 없고, 내가 말한 것을 친구도 들을 수 없어요.

듣기는 다른 사람들과 이야기하는 것을 기분 좋게 해 줘요.

나는 친구들의 말을 듣기 위해 노력할 수 있어요.

10 이야기를 들을 때 눈을 쳐다보기
이야기할 때 상대를 쳐다보면 상대의 기분이 좋다는 것을 알 수 있습니다.

페이지
1/4

| 동기   슬기는 다른 사람이 이야기할 때 얼굴을 보는 것을 할 수 있을까요?

| 목적   말하는 친구의 얼굴을 쳐다보고 듣기를 하면 상대의 기분이 좋다는 것을 알도록 합니다.

| 질문 예   "슬기는 친구의 말을 들을 때, 말하는 친구의 어디를 보면 좋을까요?"

　　　　　"슬기도 말하고 싶은데 어떻게 하면 좋을까요?"

나는 유치원에 있어요.

햇님반에는 친구들과 선생님들이 있어요.

친구들이나 선생님들이 이야기를 하고 있어요.

가끔 많은 친구가 같이 이야기를 할 때가 있어요.

10 이야기를 들을 때 눈을 쳐다보기
이야기할 때 상대를 쳐다보면 상대의 기분이 좋다는 것을 알 수 있습니다.

페이지
2/4

친구가 말을 할 때는 말하는 친구의 얼굴을 보는 것이 중요해요.

친구가 말을 할 때는 잘 듣고 말하는 친구를 향해 앉는 것이 중요해요.

이건 정말 중요한 일이에요.

친구들은 말을 할 때 말하는 친구의 얼굴을 보지 않으면 친구의 이야기에 관심이 없다고 생각해요.

친구가 말을 하는 동안 적당한 거리에서 말하는 친구의 눈을 쳐다보면 친구는 기분이 좋아요.

말하는 친구의 얼굴을 보며 친구가 하는 말을 잘 듣고 내 차례가 되면 대답해요.

이건 참 좋은 일이에요.

친구가 말을 할 때 말하는 친구의 얼굴을 보면서 눈을 쳐다보는 것은 중요한 일이에요.

사람들은 이야기할 때 적당한 거리에서 눈을 쳐다보며 이야기를 듣고 대답을 해요.

나는 친구의 말을 들을 때 말하는 친구의 얼굴을 볼 수 있어요.

나는 친구의 말을 들을 때 말하는 친구의 눈을 쳐다보려고 노력할 수 있어요.

11 손과 발을 움직이지 않고 가만히 듣기

다른 사람이 이야기할 때 손과 발을 움직이지 않고 가만히 들으면 상대의 기분이 좋다는 것을 알 수 있습니다.

페이지
1/4

| 동기   슬기는 사람들이 말을 할 때 눕지 않고 움직이지 않을 수 있을까요?

| 목적   다른 사람이 이야기할 때는 손과 발을 움직이지 않고 조용히 들어야 상대의 기분이 좋다는 것을 알도록 합니다.

| 질문 예   "그림 속 친구가 무얼 하고 있나요?"

　　　　　"슬기는 친구의 말을 들을 때, 손과 발을 어떻게 하면 좋을까요?"

　　　　　"그림 속 친구는 햇님반 누구 같아요?"

나는 유치원에 있어요.

가끔 친구들과 선생님이 모여서 이야기를 할 때가 있어요.

나는 이야기하고 있는 친구들과 함께 있는 때가 있어요.

11 손과 발을 움직이지 않고 가만히 듣기

다른 사람이 이야기할 때 손과 발을 움직이지 않고 가만히 들으면 상대의 기분이 좋다는 것을 알 수 있습니다.

페이지
2/4

사람들은 친구가 말을 할 때 손과 발을 움직이지 않고 가만히 듣는 것이 좋다고 생각해요.

가만히 듣는 것은 큰 소리를 내지 않고 조용히 듣는 것이에요.

사람들은 친구가 말을 할 때 돌아다니거나 움직이거나 눕지 않는 것이 좋다고 생각해요.

이건 정말 중요한 일이에요.

11 손과 발을 움직이지 않고 가만히 듣기

다른 사람이 이야기할 때 손과 발을 움직이지 않고 가만히 들으면 상대의 기분
이 좋다는 것을 알 수 있습니다.

페이지
3/4

친구가 말을 할 때 손과 발을 움직이면서 가만히 듣지 않으면 친구
는 자기 이야기에 관심이 없다고 생각해요.

친구가 말을 하는 동안 적당한 거리에서 움직이지 않고 가만히 들으
면 친구는 기분이 좋아요.

이건 정말 좋은 일이에요.

11

손과 발을 움직이지 않고 가만히 듣기
다른 사람이 이야기할 때 손과 발을 움직이지 않고 가만히 들으면 상대의 기분이 좋다는 것을 알 수 있습니다.

페이지
4/4

친구가 말을 할 때 친구의 이야기를 가만히 듣는 것은 중요한 일이에요.

나는 친구의 말을 들을 때 손과 발을 움직이지 않을 수 있어요.

나는 친구의 말을 들을 때 조용히 있을 수 있어요.

나는 친구의 말을 들을 때 돌아다니거나 움직이지 않을 수 있어요.

그러면 친구의 기분이 좋아지고 나도 기분이 좋아요.

| 동기 　슬기는 아는 사람을 만날 때마다 인사를 해요. 하루에 한 번만 인사해도 되는 걸 알고 있을까요?

| 목적 　사람들이 인사를 주고받는 것은 기분 좋은 것이고, 하루에 한 번만 인사해도 된다는 것을 알도록 합니다.

| 질문 예 　"친구와 오늘 처음 만났을 때 어떻게 하면 좋을까요?"
　　　　　"그림 속 친구는 햇님반 누구 같아요?"

나는 유치원에 왔어요.

하루 중 아는 사람을 처음 만났을 때 인사를 해요.

인사는 기분 좋은 일이에요.

12 하루 중 아는 사람을 처음 만났을 때
아는 사람을 처음 만났을 때 인사를 주고받으면 상대의 기분이 좋다는 것을 알 수 있습니다.

페이지
2/4

오늘 처음 보는 친구에게 인사를 해요.

오늘 처음 보는 친구에게는 "안녕." 하고 인사해요.

인사할 때는 손을 흔들 수 있어요.

인사할 때는 미소를 지을 수 있어요.

인사할 때는 고개를 살짝 숙일 수 있어요.

인사는 하루 중 처음 볼 때만 해요.

볼 때마다 인사를 하지는 않아요.

때때로 다른 사람이 나보다 먼저 나에게 손을 흔들 때가 있어요.

사람들은 하루 중 처음으로 나를 만났다면 나에게 "안녕." 하고 말
하기 위해 손을 흔들 수 있어요.

그러면 나는 인사한 사람의 얼굴을 쳐다보며 인사해요.

이건 정말 좋은 일이에요.

인사한 사람은 내가 얼굴을 쳐다보고 함께 인사를 해서 기분이 좋
아요.

이것은 인사 주고받기라고 해요.

나는 매일 친구와 선생님을 만나요.

나는 하루 중 아는 사람을 처음 만나면 인사를 할 수 있어요.

나는 다른 사람이 나에게 먼저 인사하면 인사한 사람의 얼굴을 보며 함께 인사를 할 수 있어요.

인사를 주고받으면 사람들은 기분이 좋아요.

나도 기분이 좋아요.

| 동기   슬기는 교실 밖에서 친구를 그냥 지나칩니다. 복도나 교실 밖에서도 친구라는 것을 알까요?

| 목적   교실 밖이나 복도에서 인사 주고받기를 하면 기분이 좋다는 것을 알도록 합니다.

| 질문 예   "친구와 복도에서 마주치면 어떻게 하면 좋을까요?"
                   "그림 속 친구는 햇님반 누구 같아요?"

나는 유치원에 있어요.

유치원 교실 밖이나 복도에서 친구와 마주칠 때가 있어요.

마주치는 것은 우연히 서로 만나는 것이에요.

교실 밖이나 복도에서 친구와 마주치면 "안녕." 하고 인사해요.

친구와 인사할 때는 눈을 쳐다보고 웃는 것이 좋아요.

짧게 손을 흔드는 것도 좋아요.

친구는 내가 웃으며 "안녕." 하고 인사해서 기분이 좋아요.

13 교실 밖이나 복도에서 아는 친구와 마주쳤을 때
아는 친구와 마주쳤을 때 인사를 주고받으면 기분이 좋다는 것을 알 수 있습니다.

페이지
3/5

때때로 교실 밖이나 복도에서 친구가 먼저 나를 보고 손을 흔들면서 인사할 수 있어요.

친구가 손을 흔드는 것은 '안녕'을 말하는 것이에요.

나도 손을 흔드는 친구를 보며 손을 흔들어 줄 수 있어요.

이건 참 좋은 행동이에요.

인사한 친구는 내가 친구를 보고 인사를 해서 기분이 좋아요.

가끔 친구가 내 인사를 보지 못하거나 못 들을 수도 있어요.

그럴 때는 조금 큰 소리로 다시 친구의 이름을 불러요.

친구가 나를 보면 다시 인사할 수 있어요.

이건 정말 좋은 생각이에요.

13 교실 밖이나 복도에서 아는 친구와 마주쳤을 때
아는 친구와 마주쳤을 때 인사를 주고받으면 기분이 좋다는 것을 알 수 있습니다.

페이지
5/5

교실 밖이나 복도에서 친구와 마주칠 때 인사를 하는 것은 기분 좋은 일이에요.

웃는 얼굴로 하는 상냥한 인사는 사람들을 기분 좋게 해요.

나는 교실 밖이나 복도에서 아는 친구와 마주쳤을 때 인사할 수 있어요.

| 동기   슬기는 교실을 나갈 때 하는 헤어지는 인사가 있다는 것을 알까요?

| 목적   교실을 나갈 때 먼저 인사하면 상대의 기분이 좋다는 것을 알도록 합니다.

| 질문 예   "슬기가 교실에서 나갈 때 친구들에게 뭐라고 인사할까요?"

　　　　　　"슬기가 교실에서 나갈 때 선생님에게 뭐라고 인사할까요?"

　　　　　　"그림 속 친구는 햇님반 누구 같아요?"

나는 유치원에 있어요.

별님반에는 선생님과 친구들이 많아요.

별님반에서 놀이 시간이 끝나고 햇님반으로 가는 시간이에요.

교실에서 나갈 때는 친구들과 선생님에게 헤어지는 인사를 해요.

14 교실에서 나갈 때 헤어지는 인사하기
교실에서 나갈 때 헤어지는 인사를 하면 기분이 좋다는 것을 알 수 있습니다.

페이지
2/5

교실에서 나갈 때는 친구들과 헤어지는 인사를 하는 것이 좋아요.

나는 웃는 얼굴로 친구들을 향해 "잘 있어."라고 말해요.

나는 인사를 하며 손을 흔들 수도 있어요.

친구들은 내가 헤어지는 인사를 해서 기분이 좋아요.

헤어지는 인사를 할 때 "또 만나."라고 말할 수도 있어요.

별님반 친구들도 나에게 "잘 가." 또는 "또 만나."라고 대답할 수 있어요.

교실에서 나갈 때 별님반 선생님께도 헤어지는 인사를 하는 것이 좋아요.

나는 웃는 얼굴로 선생님을 향해 "안녕히 계세요!"라고 인사해요.

선생님께 인사할 때는 고개를 숙이는 것이 좋아요.

별님반 선생님은 내가 헤어지는 인사를 해서 기분이 좋아요.

선생님도 나에게 "잘 가." 또는 "또 보자."라고 말할 수 있어요.

14 교실에서 나갈 때 헤어지는 인사하기
교실에서 나갈 때 헤어지는 인사를 하면 기분이 좋다는 것을 알 수 있습니다.

페이지
4/5

교실을 나갈 때 헤어지는 인사를 하는 것은 중요해요.

사람들은 헤어질 때 상냥하게 인사하면 다음에 만날 때 기분이 더 좋아요.

이것은 참 좋은 일이에요.

14 교실에서 나갈 때 헤어지는 인사하기
교실에서 나갈 때 헤어지는 인사를 하면 기분이 좋다는 것을 알 수 있습니다.

페이지
5/5

집으로 가려고 교실에서 나올 때도 친구들과 선생님에게 헤어지는 인사를 해요.

이것은 정말 중요해요.

집으로 갈 때 상냥하게 인사하면 다음날 만날 때 기분이 더 좋아요.

나도 기분이 좋아요.

나는 교실에서 나갈 때 헤어지는 인사를 할 수 있어요.

15 다른 사람이 교실에서 나갈 때 헤어지는 인사하기
다른 사람이 교실에서 나갈 때 헤어지는 인사를 하면 기분이 좋다는 것을 알 수 있습니다.

페이지
1/4

| 동기 슬기는 다른 사람이 교실에서 나갈 때 하는 헤어지는 인사가 있다는 것을 알까요?

| 목적 교실에서 나가는 상대에게 헤어지는 인사를 하면 기분이 좋다는 것을 알도록 합니다.

| 질문 예 "선생님이 교실에서 나갈 때 슬기는 뭐라고 인사할까요?"

"친구가 교실에서 나갈 때 슬기는 뭐라고 인사할까요?"

"그림 속 친구는 햇님반 누구 같아요?"

나는 유치원에 있어요.

교실에 선생님과 친구들이 함께 있어요.

선생님이 집에 가려고 교실에서 나갈 때가 있어요.

친구들도 집에 가려고 교실에서 나갈 때가 있어요.

함께 있던 사람이 집에 가려고 교실에서 나갈 때는 헤어지는 인사를

해요.

선생님이 교실에서 나갈 때 헤어지는 인사를 하는 것이 좋아요.

나는 웃는 얼굴로 선생님을 향해 "안녕히 가세요!"라고 말해요.

선생님께 인사를 할 때는 고개를 숙이는 것이 좋아요.

선생님은 내가 헤어지는 인사를 해서 기분이 좋아요.

집에 가는 선생님도 나에게 "잘 있어." 또는 "내일 보자."라고 말할 수 있어요.

친구가 교실에서 나갈 때 헤어지는 인사를 하는 것이 좋아요.

나는 웃는 얼굴로 친구를 향해 "안녕!" 하고 인사해요.

나는 인사를 하며 손을 흔들 수도 있어요.

친구는 내가 헤어지는 인사를 해서 기분이 좋아요.

헤어지는 인사를 할 때 "잘 가."라고 말할 수도 있어요.

집에 가는 친구도 나에게 "잘 있어." 또는 "내일 보자."라고 대답할 수 있어요.

함께 있던 사람이 나갈 때 헤어지는 인사를 하는 것은 중요해요.

다른 사람이 나갈 때는 눈을 쳐다보고 웃는 것이 좋아요.

헤어질 때 얼굴을 보며 상냥하게 인사하면 다음에 만날 때 기분이 더 좋아요.

나는 다른 사람이 교실에서 나갈 때 헤어지는 인사를 할 수 있어요.

| 동기 슬기는 변화를 이해하고 수용할 수 있을까요?

| 목적 구체물, 표정, 감정의 변화에 대하여 알 수 있도록 합니다.

| 질문 예 "신호등은 어떻게 변화해요?"   "애벌레는 어떻게 변화해요?"
"그림 속 표정이 어떻게 변화해요?"   "기분이 어떻게 변화해요?"

| 출처 및 참고 Gray(2010: 11–15).

낮은 밤으로 변하고, 밤은 낮으로 변해요.

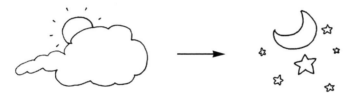

신호등은 빨간색에서 초록색으로, 초록색에서 빨간색으로 변해요.

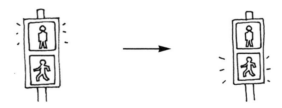

애벌레가 번데기로 변하고, 번데기는 나비로 변해요.

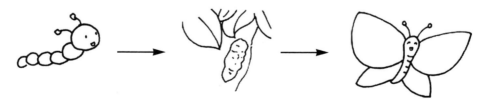

이것을 변화라고 해요.

나는 밤에 잠을 자고, 아침에 일어나서 놀 수 있어요.

낮에 놀다가 밤이 되면 다시 잠을 자요.

이처럼 나의 주변에서 변화가 계속 일어나고 있어요.

사람들의 얼굴에서 변화를 볼 수 있어요.

사람은 행복할 때 웃는 얼굴이 돼요.

웃는 얼굴은 기분이 좋은 것이에요.

기분이 안 좋을 때는 웃는 얼굴이 화난 얼굴로 변할 수 있어요.

기분이 안 좋을 때는 찡그린 얼굴로 변할 수 있어요.

기분이 안 좋을 때는 다른 여러 가지 얼굴로 변할 수 있어요.

이처럼 사람의 얼굴은 변화할 수 있어요.

모든 사람의 기분은 변화할 수 있어요.

사람들은 기분이 좋다가 나빠질 수 있어요.

기분이 나쁘다가 다시 기분이 좋아질 수 있어요.

이것을 변화라고 해요.

이처럼 사람들의 얼굴에는 변화가 계속 일어나요.

원래 그런 거랍니다.

| 동기   슬기는 불편함을 이해하고 수용할 수 있을까요?

| 목적   불편한 느낌이 들 때 "괜찮아."라고 말하여 기분 좋게 바꿀 수 있도록 합니다.

| 질문 예   "그림 속 친구의 표정이 어때요?"

　　　　 "불편한 기분을 느낄 때 무엇을 생각하면 좋을까요?"

　　　　 "변화를 생각할 때 뭐라고 말하면 좋을까요?"

| 출처 및 참고 Gray(2010: 43-44).

때때로 아프거나 슬프거나 기분이 나쁜 느낌이 들 때가 있어요.

이것을 불편함이라고 해요.

사람들은 불편하면 얼굴을 찡그려요.

불편함은 내 몸 어딘가가 아프거나, 가렵거나, 따갑거나, 다쳤을 때 느낌일 수 있어요.

불편함은 무섭고, 불안하고, 화가 나고, 슬프고, 걱정스러운 느낌일 수 있어요.

불편함은 싫어하는 장소나 물건, 음식이 가까운 주변에 있을 때 기분이 나쁜 느낌일 수 있어요.

불편함은 낯선 사람이나 화가 난 사람이 주위에 있을 때 불안한 느낌일 수 있어요.

때때로 사람들은 불편함을 느낄 수 있어요.

불편함을 느낄 때 변화를 생각하면 좋아요.

낮은 밤으로 변하고, 밤은 낮으로 변해요.

신호등은 초록색에서 빨간색으로, 빨간색에서 초록색으로 변해요.

불편함을 느낄 때 "괜찮아."라고 말하며 기분이 좋아지는 변화를 생각해요.

내가 좋아하는 _____을 생각해요.

그러면 불편함은 행복한 기분으로 변화할 수 있어요.

때때로 불편함을 느끼고 얼굴을 찡그릴 수 있어요.

불편함을 느끼는 것은 괜찮아요.

불편함을 느낄 때는 변화를 생각해요.

불편함은 행복한 기분으로 변화할 수 있어요.

원래 그런 거랍니다.

| 동기 슬기는 슬플 때 기분을 <u>스스로</u> 조절할 수 있을까요?

| 목적 슬플 때 행복한 기분으로 변화할 수 있다는 것을 알도록 합니다.

| 질문 예 "그림 속 친구의 표정이 어때요?"

　　　　　"그림 속 무슨 일이 생긴 걸까요?"

　　　　　"슬기는 이럴 때 어떻게 하면 좋을까요?"

| 출처 및 참고 Gray(2010: 48).

슬픔은 기분이 안 좋거나 불편한 느낌이에요.

슬픔을 느껴도 괜찮아요.

사람들은 때때로 슬픔을 느껴요.

사람들은 슬픔을 느낄 때 울 수도 있어요.

슬픔을 느낄 때 기분이 좋아지는 방법을 찾는 것이 중요해요.

나는 아이스크림 콘을 가졌어요.

아이스크림이 바닥에 조금 떨어졌어요.

나는 슬퍼서 울었어요.

사람들은 슬픔을 느낄 때 기분이 좋아지는 방법을 찾을 수 있어요.

때때로 사람들은 지금 가진 것을 알게 되면 기분이 좋아져요.

나는 손에 여전히 콘을 가지고 있고, 그 안에는 아이스크림도 있어요.

나는 그것을 먹고 행복한 기분이 되기 시작했어요.

나에게 문제가 생겼어요.

내가 좋아하는 공주인형을 차 안에 두고 왔어요.

나는 슬퍼서 울었어요.

때때로 문제에 관하여 다른 사람에게 이야기하는 것은 도움이 돼요.

나는 엄마에게 공주인형이 차 안에 있다고 말했어요.

엄마는 내가 공주인형을 가져오도록 도와줬어요.

나는 다시 공주인형을 보아서 너무 행복했어요!

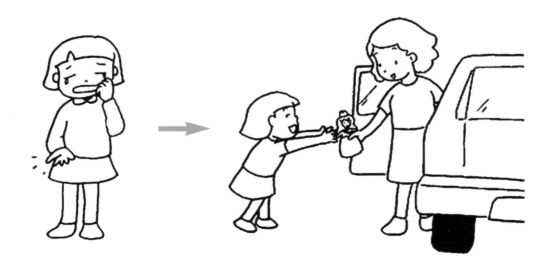

나에게 문제가 생겼어요.

내가 좋아하는 레고 집이 부숴졌어요.

나는 너무 슬펐어요.

때때로 다른 사람들과 함께 일하는 것이 도움이 될 수 있어요.

나의 가족은 즉시 모여 레고 집을 다시 만들었어요.

나는 레고 집을 만들어서 매우 행복했어요!

슬픔은 불편한 느낌이에요.

사람들이 슬픔을 느끼는 것은 괜찮아요.

사람들은 슬플 때 다시 행복해질 수 있는 방법을 발견할 수 있어요.

슬픔은 행복한 기분으로 변화할 수 있어요.

원래 그런 거랍니다.

| 동기 슬기는 힘들 때 도와 달라고 요청할 수 있을까요?

| 목적 불편하거나 힘들 때 도와 달라고 말할 수 있도록 합니다.

| 질문 예 "그림에서 무슨 일이 생긴 걸까요?"

　　　　"슬기는 이럴 때 어떻게 하면 좋을까요?"

　　　　"선생님 표정이 어때요? 선생님 기분이 어떤 것 같나요?"

| 출처 및 참고 이정미 역(2008: 45-49).

나는 유치원에 있어요.

교실에서 밖으로 나갈 때 날씨가 추우면 외투를 입을 때가 있어요.

때때로 외투 지퍼를 올리는 것이 힘들 때가 있어요.

힘들 때는 다른 사람에게 이야기하는 것이 도움이 될 수 있어요.

나는 선생님에게 도와 달라고 말하고 싶어요.

선생님에게 도와 달라고 말할 때는 먼저 선생님에게 다가가요.

선생님이 다른 사람과 함께 이야기하고 있을 때가 있어요.

그럴 때는 선생님이 다른 사람과 이야기를 멈추고 나를 볼 때까지 기다려요.

이건 참 좋은 생각이에요.

선생님이 대화를 멈추고 나를 봤어요.

나는 먼저 "죄송합니다."라고 하고, "지퍼 좀 올려 주세요."라고 말하며 도와 달라고 해요.

이건 참 예의 바른 행동이에요.

선생님은 내가 예의 바르게 말해서 기분이 좋아요.

나는 선생님이 지퍼를 올려 줄 때까지 기다려요.

선생님은 "그래." 또는 "내가 지퍼를 올려 줄게."라고 말할 수 있어요.

대답을 들으면 나는 "고맙습니다."라고 말해요.

나는 선생님이 지퍼를 올려 주어서 기분이 좋아요.

선생님도 기분이 좋아요.

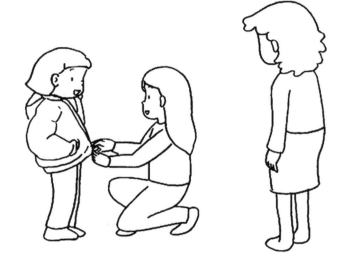

때때로 혼자서 하기 힘든 일이 있어요.

힘이 들면 기분이 나빠져요.

나는 "괜찮아."라고 말하며 기분이 좋아지는 변화를 생각해요.

다른 사람에게 도와 달라고 하는 것도 괜찮아요.

나는 힘든 일이 있을 때 다른 사람에게 도와 달라고 말할 수 있어요.

| 동기   슬기는 가지고 싶은 것을 빌리는 방법을 알고 있을까요?

| 목적   가지고 싶은 것이 있을 때 빌려 달라고 요청하는 방법을 알도록 합니다.

| 질문 예   "그림 속 친구에게 무슨 일이 생긴 걸까요?"

　　　　"슬기는 이럴 때 어떻게 하면 좋을까요?"

　　　　"친구가 싫다고 할 때 어떻게 하면 좋을까요?"

| 출처 및 참고   이정미 역(2008: 51-55).

　나는 유치원에 있어요. 나는 별님반에 왔어요.

　별님반에는 새로운 장난감이 많아요.

　때때로 내가 가지고 싶은 장난감을 친구가 가지고 놀고 있을 때가
있어요.

　나는 공룡인형을 가지고 있는 친구를 봤어요.

　나도 공룡인형을 가지고 놀고 싶어요.

나는 공룡인형을 가지고 놀고 있는 친구에게 다가가요.

친구가 다른 친구와 놀고 있을 때가 있어요.

나는 잠시 기다려요.

잠시란 친구가 놀기를 멈추고 나를 볼 때예요.

이건 참 좋은 생각이에요.

친구가 놀기를 멈추고 나를 봐요.

나는 친구에게 "미안하지만……." 이라고 말한 다음, "나도 공룡인형을 갖고 놀고 싶어. 빌려 줄래?" 라고 말해요.

이건 참 좋은 행동이에요.

나는 친구가 공룡인형을 줄 때까지 기다려요.

친구는 "여기 있어. 가져."라고 말해요.

친구가 나에게 공룡인형을 양보해요.

대답을 들으면 나는 "고마워."라고 한 다음 공룡인형을 받아요.

나는 기분이 좋아요.

친구도 기분이 좋아요.

때때로 친구가 싫다고 할 때도 있어요.

그러면 나는 기분이 나빠져요.

나는 "괜찮아."라고 말하고 기분이 좋아지는 변화를 생각해요.

나는 내가 좋아하는 것을 생각해요.

나는 다른 장난감을 찾는 것도 괜찮아요.

이건 정말 좋은 생각이에요.

나는 친구의 장난감을 가지고 놀고 싶을 때 빌려 달라고 말할 수 있어요.

| **동기** 슬기는 선생님이나 어른이 어떤 것을 해 줄 때 기분이 좋은 것을 알 수 있을까요?

| **목적** 선생님이나 어른들로부터 도움을 받거나 나누어 주는 것을 받고 기분이 좋을 때는 "감사
합니다."라고 말할수 있도록 합니다.

| **질문 예** "그림에서 무슨 일이 생긴 걸까요?"
　　　　　　"슬기는 이럴 때 어떻게 말하면 좋을까요?"

| **출처 및 참고** Gray(2010: 91).

때때로 선생님이나 어른들이 나에게 좋은 것을 해 줄 때가 있어요.

누군가가 어떤 것을 해 주어서 기분이 좋을 때는 도움을 준 어른을

보며 "감사합니다."라고 말해요.

"감사합니다."라고 말하는 것은 멋지고 상냥한 일이에요.

선생님께서 나를 도와준 경우가 있어요.

별님반에서 가위를 찾고 있는데 선생님이 찾아 주었어요.

나는 가위질을 할 수 있게 돼서 기분이 좋았어요.

어른이 나를 도와준 경우에는 "감사합니다."라고 말해요.

나는 선생님을 보며 "감사합니다."라고 말할 수 있어요.

"감사합니다."를 들은 선생님도 기분이 좋아요.

선생님께서 무언가를 나누어 주는 경우도 있어요.

별님반에서 선생님이 간식을 나누어 주었어요.

나는 간식을 먹을 수 있어서 기분이 좋았어요.

어른이 무언가를 나누어 준 경우에도 "감사합니다."라고 말해요.

나는 선생님을 보며 "감사합니다."라고 말할 수 있어요.

"감사합니다."를 들은 선생님도 기분이 좋아요.

"감사합니다." 라고 말하면 기분이 좋아져요.

"감사합니다." 라는 말을 들은 사람도 기분이 좋아져요.

"감사합니다." 라고 말하는 것은 좋은 일이에요.

"감사합니다." 라고 말할 때 다른 사람들은 나의 기분이 좋다는 것을 알 수 있어요.

"감사합니다." 라는 말을 들은 사람은 나를 예의 바르다고 생각할 거예요.

나는 선생님이나 어른들에게 "감사합니다." 라고 말할 수 있어요.

22 "고마워."라고 말하기

친구가 나에게 좋은 것을 해 줄 때 "고마워."라고 말할 수 있습니다.

| **동기** 슬기는 친구가 어떤 것을 해 줄 때 기분이 좋은 것을 알 수 있을까요?

| **목적** 친구에게 도움을 받거나 나누어 주는 것을 받을 때는 "고마워."라고 말할 수 있도록 합니다.

| **질문 예** "그림 속에서 무슨 일이 생긴 걸까요?"

　　　　　"슬기는 이럴 때 어떻게 말하면 좋을까요?"

　　　　　"그림 속 친구는 햇님반 누구 같아요?"

| **출처 및 참고** Gray(2010: 91).

　때때로 친구들이 나에게 좋은 것을 해 줄 때가 있어요.

　누군가가 어떤 것을 해 주어서 기분이 좋을 때는 도움을 준 친구를 보며 "고마워."라고 말해요.

　"고마워."라고 말하는 것은 멋지고 상냥한 일이에요.

친구가 나를 도와준 경우가 있어요.

별님반에서 하은이는 내가 공주드레스 입는 걸 도와주었어요.

나는 하은이가 공주드레스 지퍼를 올려 주어서 기분이 좋았어요.

누군가가 나를 도와준 경우에는 "고마워."라고 말해요.

나는 하은이를 보며 "고마워."라고 말해요.

"고마워."를 들은 하은이도 기분이 좋아요.

친구가 무언가를 나누어 주는 경우도 있어요.

별님반에서 재석이가 나에게 색연필을 나누어 주었어요.

나는 색연필로 그림을 그릴 수 있어서 기분이 좋았어요.

누군가가 무언가를 나누어 준 경우에도 "고마워."라고 말해요.

나는 재석이를 보며 "고마워."라고 말해요.

"고마워."를 들은 재석이도 기분이 좋아요.

"고마워."라고 말하면 기분이 좋아져요.

"고마워."라는 말을 들은 사람도 기분이 좋아져요.

"고마워."라고 말하는 것은 좋은 일이에요.

"고마워."라고 말할 때 다른 사람들은 나의 기분이 좋다는 것을 알 수 있어요.

"고마워."라는 말을 들은 사람은 나를 좋은 사람이라고 생각할 거예요.

나는 친구들에게 "고마워."라고 말할 수 있어요.

| 동기   슬기는 나누기가 기분 좋은 일이라는 걸 알고 있을까요?

| 목적   여러 가지 나누기를 알고, 나누기가 기분 좋은 일이라는 것을 알 수 있도록 합니다.

| 질문 예   "그림 속에서 무슨 일이 생긴 걸까요?"

　　　　　 "슬기는 이럴 때 기분이 어떨까요?"

　　　　　 "슬기를 나누기가 어려울 때 어떻게 하면 될까요?"

| 출처 및 참고   Gray(2010: 96).

때때로 누군가가 나에게 나누자고 말하는 경우가 있어요.

엄마가 나에게 나누자고 말하는 경우가 있어요.

동생이 나에게 나누자고 말하는 경우가 있어요.

유치원 친구가 나에게 나누자고 말하는 경우가 있어요.

내 생일에 아빠가 선물로 커다란 초콜릿 케이크를 사 왔어요.

엄마가 케이크를 나누어 먹자고 말해요.

엄마는 케이크를 가족 수대로 나누어 접시에 담아 주었어요.

가족 모두가 함께 나눠 먹어서 행복해요.

나누어 먹는 것은 기분 좋은 일이에요.

교회에서 스티커를 선물로 받았어요.

나는 스티커가 많아서 기분이 좋아요.

동생이 스티커를 나누어 달라고 해요.

나는 동생에게 스티커를 나누어 주어요.

동생은 내가 스티커를 나눠 줘서 기분이 좋아요.

나도 기분이 좋아요.

유치원에서 칠판에 그림을 그리고 있어요.

친구가 그림을 함께 그리자고 말해요.

나는 사인펜을 하나 주고 자리를 옆으로 조금 비켜 줘요.

친구는 내가 자리를 나눠 줘서 기분이 좋아요.

나도 기분이 좋아요.

나누기는 내 것을 모두에게 똑같이 나누는 경우가 될 수 있어요.

나누기는 내 것을 조금 나누어 주는 경우가 될 수 있어요.

나누기는 자리를 옆으로 조금 비켜 주는 경우가 될 수 있어요.

나누기는 다른 많은 경우가 될 수 있어요.

나누기가 어려울 때는 괜찮아요.

나는 엄마나 선생님에게 도와 달라고 말할 수 있어요.

나는 나누기를 계속 배워 갈 거예요.

| 동기　슬기는 나누어 주는 것을 받을 수 있을까요?

| 목적　나누어 주는 것을 받을 때 선생님에게는 "감사합니다.", 친구에게는 "고마워."라고 말할
　　　수 있도록 합니다.

| 질문 예　"선생님께서 나누어 주는 것을 받을 때 슬기는 어떻게 말하면 좋을까요?"
　　　　　"친구가 나누어 주는 것을 받을 때 슬기는 어떻게 말하면 좋을까요?"

　　때때로 누군가가 나에게 무엇을 나누어 줄 때가 있어요.

　　모두의 것을 내가 나누어 받는 경우도 있어요.

　　나누기라는 것은 중요한 것이에요.

　　누군가와 물건을 나누면 사이가 좋아지는 기분이 들어요.

　　누군가에게 자기의 것을 나누어 주면 그 사람과 친구가 될 수도 있

어요.

유치원에서 선생님이 과자를 나누어 줄 때가 있어요.

선생님이 과자를 나누어 주면 모두가 나누어 먹을 수 있어요.

선생님이 과자를 나눠 줘요.

선생님이 "자, 과자 먹어요."라고 말해요.

나는 과자를 받고 "고맙습니다."라고 말해요.

친구들도 과자를 받고 "고맙습니다."라고 말해요.

나는 기분이 좋아요.

선생님도 기분이 좋아요.

별님반에서 친구가 선물을 나누어 줄 때가 있어요.

친구가 스티커를 나눠 줘요.

친구는 "자, 선물이야."라고 말해요.

나는 스티커를 받고 "고마워."라고 말해요.

나는 기분이 좋아요.

친구도 기분이 좋아요.

누군가와 물건을 나누면 사이가 좋아지는 기분이 들어요.

자기의 것을 누군가에게 나누어 주면 그 사람과 친구가 될 수도 있어요.

나누어 주는 것은 그 사람이 나를 좋아한다는 것을 보여 주는 것이에요.

나는 나누어 주면 받을 때 "고마워." 또는 "감사합니다."라고 말할 수 있어요.

이것은 참 좋은 행동이에요.

| 동기   슬기는 가지고 있는 것을 나누어 줄 수 있을까요?

| 목적   나누어 달라고 부탁 받을 때 나누기는 기분 좋은 것임을 연상할 수 있도록 합니다.

| 질문 예   "그림 속에서 무슨 일이 생긴 걸까요?"

"친구가 나누어 달라고 할 때 어떻게 말하면 될까요?"

"누군가와 물건을 나눌 때 슬기 기분은 어떨까요?"

때때로 누군가가 내가 가지고 있는 것을 나눠 달라고 할 때가 있어요.

나누기라는 것은 중요한 것이에요.

누군가와 물건을 나누면 사이가 좋아지는 기분이 들어요.

자기의 것을 누군가에게 나누어 주면 그 사람과 친구가 될 수도 있어요.

별님반에서 친구가 나에게 나누어 달라고 할 때가 있어요.

나는 피자놀이를 해요.

나는 피자를 멋지게 만들었어요.

친구가 나에게 다가와요.

친구는 "슬기야, 피자 하나만 줄래?"라고 말해요.

나는 친구의 말을 듣고 나누기를 생각해요.

나누기는 중요한 것이에요.

나는 친구를 보며 "그래."라고 말해요.

나는 친구에게 피자 하나를 나눠 줘요.

친구는 "고마워."라고 말해요.

친구는 내가 피자를 나눠 줘서 기분이 좋아요.

나도 기분이 좋아요.

　때때로 친구가 내가 가지고 있는 장난감을 나눠 달라고 할 때가 있어요.

　나눠 주는 것은 내가 그 사람을 좋아한다는 것을 보여 주는 것이에요.

　누군가와 물건을 나누면 친구가 될 수도 있어요.

　친구들은 서로 나눠 가져요.

　나누어 주는 것은 기분 좋은 것이에요.

　원래 그런 거랍니다.

| 동기   슬기는 다른 사람을 배려하는 것이 어떻게 행동하는 것인지 알고 있을까요?

| 목적   배려는 사람들에게 조심하고 상냥하게 말하는 행동임을 알 수 있도록 합니다.

| 질문 예   "엄마나 선생님이 어떻게 말할 때 기분이 좋았어요?"

              "화가 나서 다른 사람에게 말하기 힘들 때 무엇을 생각할 수 있을까요?"

| 출처 및 참고   Gray (2010: 205).

나는 배려에 관해 배우고 있어요.

배려는 다른 사람에게 조심하고 상냥한 것이에요.

사람들은 상냥한 말과 행동으로 배려를 보여 줄 수 있어요.

배려는 사람들을 기분 좋게 해 주어요.

집에서 엄마와 아빠는 상냥하게 말하며 나를 기분 좋게 해 주세요.

이것은 배려를 하는 행동이에요.

배려는 가족이 서로 기분 좋고 편안할 수 있게 해 줘요.

행복하고 기분 좋을 때 가족과 상냥하게 이야기하기 쉬워요.

이럴 때 배려를 하며 이야기하기가 쉬워요.

유치원에서 선생님과 친구들이 서로 상냥하게 이야기해요.

이것은 배려하며 이야기하는 것이에요.

배려는 교실에서 모두가 기분 좋고 편안할 수 있게 해 줘요.

행복하고 기분 좋을 때 친구들과 상냥하게 이야기하기 쉬워요.

이럴 때 배려를 보여 주기가 쉬워요.

때때로 친구들이 화를 내면서 이야기할 때가 있어요.

이럴 때 친구는 배려하며 이야기하는 것이 어려워요.

이럴 때는 배려를 생각하는 연습을 할 수 있어요.

나는 화가 나거나 기분이 나쁠 때 상냥하게 이야기하는 것이 어려워요.

이럴 때 나는 다른 사람을 배려하며 이야기하는 것이 어려워요.

이럴 때는 배려를 생각하는 연습을 할 수 있어요.

배려는 다른 사람에게 조심하고 상냥한 것이에요.

나는 상냥하게 배려하는 엄마가 좋아요.

나는 상냥하게 배려하는 선생님이 좋아요.

나는 상냥하게 배려하는 친구가 좋아요.

나는 상냥한 말과 행동이 좋아요.

나는 사람들이 기분 좋고 편안하게 느낄 수 있도록 배려할 거예요.

┃ 동기 슬기는 친구에게 언제 "미안해."라고 말해야 하는지 알고 있을까요?

┃ 목적 친구에게 잘못했을 때 "미안해."라고 말하고 똑같은 잘못을 하지 않도록 합니다.

┃ 질문 예 "그림을 보면 무슨 일이 일어났죠? 친구 기분이 어떨까요?"
　　　　　 "슬기는 이럴 때 뭐라고 말하면 좋을까요?"

때때로 내가 잘못해서 친구의 기분이 불편할 때가 있어요.

내가 친구에게 잘못했을 때는 "미안해."라고 말하는 것이 좋아요.

내가 잘못했을 때 "미안해."라고 말하는 것은 예의 바른 행동이에요.

이것은 친구를 배려하는 것이에요.

내가 친구들과 소꿉놀이를 하고 있어요.

소꿉놀이를 하다가 친구가 만든 케이크를 밀어서 떨어뜨렸어요.

친구는 케이크가 망가져서 슬퍼요.

나는 친구에게 "미안해." 라고 말해요.

이것은 친구를 배려하는 것이에요.

친구는 "괜찮아."라고 말해요.

친구는 내가 예의 바르게 말해서 기분이 나쁘지 않아요.

내가 교실 밖에서 뛰다가 친구와 부딪혔어요.

친구가 아프다고 말해요.

나도 아파요.

나는 배려를 생각해요.

나는 친구에게 "미안해."라고 말해요.

이것은 친구를 배려하는 것이에요.

친구는 "괜찮아."라고 말해요.

친구는 내가 예의 바르게 말해서 기분이 나쁘지 않아요.

때때로 내가 잘못해서 다른 사람이 아프거나 기분이 불편해지는 때가 있어요.

그럴 때는 배려를 생각해요.

그 사람에게 "미안해."라고 말해요.

"미안해."는 되도록 상냥한 목소리로 말해요.

"미안해."라고 들은 사람은 기분이 나쁘지 않아요.

대부분 친구는 내가 예의 바르게 사과해서 기분이 좋아져요.

"미안해."라고 말하는 것은 다른 사람을 배려하는 것이에요.

똑같은 잘못을 하지 않는 것도 배려하는 것이에요.

나는 친구들에게 잘못했을 때 "미안해."라고 말할 수 있어요.

이것은 정말 좋은 행동이랍니다.

| 동기 　슬기는 친구가 "미안해."라고 말할 때 어떻게 대답해야 할지 알고 있을까요?

| 목적 　친구가 잘못해서 "미안해."라고 사과할 때 "괜찮아."라고 말하여 상대를 배려할 수 있 도록 합니다.

| 질문 예 　"그림에서 무슨 일이 생긴 걸까요? 슬기의 기분이 어떨까요?"
　　　　"친구가 사과할 때 슬기는 뭐라고 말하면 좋을까요?"

때때로 친구가 잘못해서 나의 기분이 불편해지는 때가 있어요.

친구가 나에게 "미안해."라고 말해요.

이럴 때는 "괜찮아."라고 대답하는 것이 좋아요.

이것은 친구를 배려하는 것이에요.

별님반에서 소꿉놀이를 하고 있어요.

나는 멋지게 케이크를 만들었어요.

친구가 실수로 내가 만든 케이크를 밀어서 떨어뜨렸어요.

나는 케이크가 망가져서 슬퍼요.

친구는 나에게 "미안해."라고 말해요.

이럴 때는 친구에게 "괜찮아."라고 대답해요.

이것은 친구를 배려하는 것이에요.

"괜찮아."라고 대답을 들은 친구는 기분이 좋아져요.

교실 밖에서 노는데 뛰어오는 친구와 부딪혔어요.

나는 너무 아파요.

친구도 아프다고 말해요.

친구는 나에게 "미안해."라고 말해요.

이럴 때는 친구에게 "괜찮아."라고 대답해요.

이것은 친구를 배려하는 것이에요.

"괜찮아."라고 대답을 들은 친구는 기분이 좋아져요.

친구가 잘못해서 내가 기분이 불편해지거나 아플 때가 있어요.

대부분의 친구는 나에게 "미안해."라고 말해요.

이럴 때는 친구에게 "괜찮아."라고 대답하는 것이 좋아요.

이것은 친구를 배려하는 것이에요.

"괜찮아."는 되도록 상냥한 목소리로 말해요.

"괜찮아."라고 대답을 들은 친구와는 사이가 더 좋아질 수 있어요.

친구가 "미안해."라고 말할 때 "괜찮아."라고 대답하는 것은 중요한 일이에요.

"괜찮아."라고 대답을 들은 친구는 기분이 좋아져요.

"괜찮아."라고 대답을 들은 친구와는 사이가 더 좋아질 수 있어요.

나는 친구가 잘못해서 "미안해."라고 말할 때 "괜찮아."라고 대답할 수 있어요.

이것은 정말 좋은 행동이랍니다.

29 허락 구하기
선생님과 친구에게 자신의 생각을 알리고 허락 구하기를 할 수 있습니다.

| **동기**   슬기는 자신의 생각을 알리는 방법을 알고 있을까요?

| **목적**   선생님과 친구에게 "해도 돼요?"나 "써도 돼?"라고 허락 구하기를 할 수 있도록 합니다.

| **질문 예**   "그림에서 슬기는 무엇을 하고 있나요?"
　　　　　"이럴 때 선생님(친구)에게 어떻게 말하면 좋을까요?"

| **출처 및 참고**   Gray(2010: 141).

　선생님은 나와 친구들의 질서를 위해서 중요한 결정을 하세요.

　때때로 선생님에게 "해도 돼요?"나 "만져도 돼요?"라고 물어봐야
할 때가 있어요.

　이럴 때 선생님은 나의 생각을 알게 돼서 기분이 좋아요.

　선생님은 나와 친구들의 안전을 생각해서 대답해 주세요.

　이런 경우를 허락 구하기라고 해요.

나는 유치원에 있어요.

나는 교실 밖으로 나가서 놀고 싶어요.

나는 선생님에게 "나가서 놀아도 돼요?"라고 물어봐요.

이것은 참 좋은 행동이에요.

선생님은 나의 안전을 생각해서 대답해요.

선생님은 내가 예의 바르게 허락 구하기를 해서 기분이 좋아요.

때때로 친구들의 물건을 빌리거나 만지고 싶을 때가 있어요.

나는 그림을 그리고 싶어요.

친구가 색연필을 쓰고 있어요.

나는 친구에게 "색연필 써도 돼?"라고 말해요.

이것은 참 좋은 행동이에요.

대부분의 친구는 내가 상냥하게 허락 구하기를 해서 기분이 좋아요.

허락 구하기를 하면 선생님은 나의 생각을 알 수 있어서 좋아요.

허락 구하기를 하면 친구들은 나의 생각을 알 수 있어서 좋아요.

허락 구하기를 하면 나의 생각을 알릴 수 있어서 좋아요.

이것은 중요한 일이에요.

대부분 허락 구하기를 하면 "좋아."라는 대답을 들을 수 있어요.

때때로 허락 구하기를 해도 "안 돼."라는 대답을 들을 수 있어요.

원래 그런 거랍니다.

30 "안 돼."라는 말을 들었을 때 기다리기
"안 돼."라는 말을 들었을 때 기다리면서 화를 내지 않을 수 있습니다.

페이지
1/4

| 동기 슬기는 "안 돼."라는 말을 들었을 때 화내지 않고 기다리는 방법을 알고 있을까요?

| 목적 선생님께 "안 돼."라는 말을 들어도 화를 내지 않고 기다려야 한다는 것을 알 수 있도록 합니다.

| 질문 예 "그림에서 슬기는 무엇이라고 말했을까요?"
"선생님께 '안 돼.'라는 말을 들었을 때, 어떻게 생각하면 좋을까요?"

| 출처 및 참고 Gray(2010: 145–146).

때때로 어떤 것을 하고 싶을 때 허락 구하기를 해야 해요.

허락을 구할 때, 사람들이 "안 돼."라고 말하는 경우가 있어요.

"안 돼."라는 말을 들으면 기분이 불편해요.

이럴 때 변화를 생각해요.

기다리면 "안 돼."는 "좋아."로 변할 수 있어요.

30 "안 돼."라는 말을 들었을 때 기다리기
"안 돼."라는 말을 들었을 때 기다리면서 화를 내지 않을 수 있습니다.

페이지
2/4

선생님이 교실에서 책읽기를 해 주세요.

나는 밖에서 놀고 싶어요.

나는 "선생님, 밖에서 놀아도 돼요?"라고 물어요.

이것은 나의 생각을 알리는 좋은 행동이에요.

선생님은 "안 돼, 책읽기를 먼저 해야지."라고 말해요.

30

"안 돼."라는 말을 들었을 때 기다리기
"안 돼."라는 말을 들었을 때 기다리면서 화를 내지 않을 수 있습니다.

페이지
3/4

나는 "네."라고 말하고 화를 내지 않아요.

이럴 때는 변화를 생각해요.

기다리면 "안 돼."는 "좋아."로 변할 수 있어요.

기다리면 나중에 하고 싶은 걸 할 수 있어요.

책읽기가 끝났어요.

선생님은 "좋아, 이제 밖에서 놀아요."라고 말해요.

나는 기분이 좋아져요.

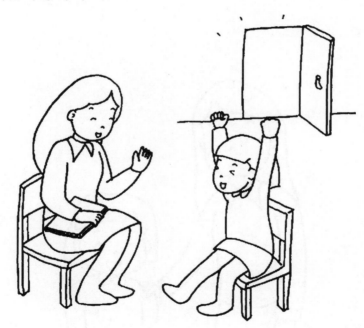

30 "안 돼."라는 말을 들었을 때 기다리기
"안 돼."라는 말을 들었을 때 기다리면서 화를 내지 않을 수 있습니다.

페이지
4/4

가끔 기다리는 것이 쉽지 않을 때도 있어요.

이럴 때 변화를 생각해요.

기다리면 "안 돼."는 "좋아."로 변할 수 있어요.

내가 화를 내지 않고 기다리면 사람들은 기분이 좋아져요.

그 사람은 나중에 내가 원하는 것을 줄 수 있어요.

그 사람은 나중에 내가 하고 싶은 것을 하게 해 줄 수 있어요.

원래 그런 거랍니다.

| 동기 슬기는 친구에게 관심을 표현하는 방법을 알고 있을까요?

| 목적 친구에게 하는 일을 물어보고, 대답을 기다리는 법을 알 수 있도록 합니다.

| 질문 예 "그림 속 친구는 별님반 누구 같아요?"
　　　　 "이럴 때 친구에게 뭐라고 말하면 좋을까요?"
　　　　 "친구가 대답하지 않으면 어떻게 해야 할까요?"

나는 별님반에 왔어요.

오늘 처음 만나는 친구에게는 인사를 해요.

인사할 때 친구의 이름을 불러도 좋아요.

나는 친구에게 다가가 "안녕!" 하고 인사해요.

인사를 받은 친구도 나에게 "안녕!" 하고 인사해요.

나는 친구와 인사 주고받기를 해서 기분이 좋아요.

친구가 놀고 있을 때 친구에게 하고 있는 일에 대해 물어보면 좋아요.

나는 친구를 향해 "뭐 하고 있어?"라고 물어봐요.

친구는 나에게 "기차 가지고 놀아."라고 대답해요.

나는 친구가 대답을 해서 기분이 좋아요.

친구의 놀이에 대해 한 번 더 물어볼 수 있어요.

나는 친구에게 "기차가 어디로 가?"라고 물어봐요.

친구는 나에게 "철길 위로 가."라고 대답해요.

나는 친구가 대답을 해서 기분이 좋아요.

나는 기차에 대해 더 많이 물어볼 수 있어요.

대부분의 친구는 관심을 가지고 물어보면 대답을 해 줘요.

대부분의 사람은 관심을 받으면 기분이 좋아요.

친구에게 물어보고 나서는 친구가 대답할 때까지 기다려요.

때때로 친구가 대답을 하지 않는 경우가 있어요.

이럴 때는 대답할 때까지 잠시 기다려요.

잠시 후 한 번 더 물어봐요.

이것은 참 좋은 생각이에요.

대부분의 친구는 관심을 가지고 한 번 더 물어보면 대답을 해 줘요.

때때로 친구가 놀고 있을 때 친구에게 다가가서 하는 일을 묻는 것이 좋아요.

놀고 있는 친구는 관심을 받아서 기분이 좋아요.

이야기를 하고 친구의 말을 잘 들어 주면 다음에 같이 사이좋게 놀 수도 있어요.

나는 친구에게 먼저 인사하고 하는 일을 물어볼 수 있어요.

이것은 참 좋은 행동이랍니다.

| 동기   슬기는 친구에게 관심을 표현하는 방법을 알고 있을까요?

| 목적   친구에게 하는 일을 물어보고, 대답을 기다리는 법을 알 수 있도록 합니다.

| 질문 예   "그림 속 친구는 별님반 누구 같아요?"

　　　　　"이럴 때 친구에게 뭐라고 말하면 좋을까요?"

　　　　　"친구가 대답하지 않으면 어떻게 해야 할까요?"

| 출처 및 참고   이정미 역(2008: 77–18).

나는 별님반에 왔어요.

오늘 처음 만나는 친구와 인사 주고받기를 해요.

인사 주고받기 후에는 친구에게 하고 있는 일에 대해 물어보면 좋아요.

친구는 책을 보고 있어요.

나는 친구를 향해 "무슨 책 봐?"라고 물어봐요.

친구는 나에게 "재미있는 책이야."라고 대답해요.

나는 친구가 대답을

해서 기분이 좋아요.

친구가 보는 책에 대해 한 번 더 물어볼 수 있어요.

나는 친구에게 "뭐에 관한 거야?"라고 물어봐요.

친구는 나에게 "고양이."라고 대답해요.

나는 친구가 대답을 해 줘서 기분이 좋아요.

나는 책에 대해 더 많이 물어볼 수 있어요.

대부분의 친구는 관심을 가지고 물어보면 대답을 해 줘요.

대부분의 사람은 관심을 받으면 기분이 좋아요.

친구에게 물어보고 나서는 친구가 대답할 때까지 기다려요.

때때로 친구가 대답을 하지 않는 경우가 있어요.

이럴 때는 대답할 때까지 잠시 기다려요.

대답이 없으면 잠시 후 한 번 더 물어봐요.

이것은 참 좋은 생각이에요.

대부분의 친구는 관심을 가지고 한 번 더 물어보면 대답을 해 줘요.

때때로 친구와 인사 주고받기 후에는 친구가 하는 일을 물어보는 것이 좋아요.

친구는 관심을 받아서 기분이 좋아요.

이야기를 하고 친구의 말을 잘 들어 주면 다음에 같이 사이좋게 놀 수도 있어요.

나는 친구에게 먼저 인사하고 하는 일을 물어볼 수 있어요.

이것은 참 좋은 행동이랍니다.

33 내가 한 것 자랑하기, 친구가 한 것 칭찬하기
친구에게 내가 한 것을 자랑하고, 친구가 한 것을 칭찬할 수 있습니다.

페이지
1/4

| 동기 슬기는 친구에게 자신이 한 것을 자랑하는 방법을 알고 있을까요?

| 목적 자신이 한 것을 자랑하고, 친구가 자랑하는 것을 칭찬할 수 있도록 합니다.

| 질문 예 "그림 속 친구는 별님반 누구 같아요?"

"친구가 칭찬을 하며 질문을 해요. 어떻게 하면 좋을까요?"

"친구가 자랑할 때 어떻게 하면 좋을까요?"

나는 별님반에 왔어요.

친구가 다가와 "안녕!" 하고 인사해요.

나도 친구에게 "안녕!" 하고 인사해요.

나는 친구와 인사 주고받기를 해서 기분이 좋아요.

사람들은 대부분 관심 있는 친구에게 인사를 해요.

나는 친구가 관심을 보여서 기분이 좋아요.

인사 주고받기 후에는 인사한 친구에게 내가 한 것을 자랑해도 좋아요.

나는 멋진 발레 공주 그림을 그렸어요.

나는 친구를 향해 "어때, 내 그림 멋지지?"라고 자랑해요.

친구는 나를 보고 "멋지다! 무슨 그림이야?"라고 칭찬해요.

나는 친구가 칭찬을 해 줘서 기분이 좋아요.

나는 그 친구를 보며 "발레 공주 그림이야."라고 대답해요.

33 내가 한 것 자랑하기, 친구가 한 것 칭찬하기
친구에게 내가 한 것을 자랑하고, 친구가 한 것을 칭찬할 수 있습니다.

페이지
3/4

때때로 친구가 가진 것을 나에게 자랑하는 경우가 있어요.

친구는 예쁜 공주 스티커를 가지고 있어요.

친구는 나에게 "어때, 내 스티커 멋지지?"라고 자랑해요.

나는 친구를 보고 "멋지다! 스티커 좀 봐도 돼?"라고 칭찬해요.

친구는 내가 칭찬을 해서 기분이 좋아요.

친구는 "그래, 좋아."라고 대답하고 스티커를 보여 줘요.

33 내가 한 것 자랑하기, 친구가 한 것 칭찬하기
친구에게 내가 한 것을 자랑하고, 친구가 한 것을 칭찬할 수 있습니다.

페이지
4/4

내가 친구에게 자랑하고, 친구도 나에게 자랑하는 것은 좋은 일이에요.

나는 내 것을 자랑해서 친구의 관심을 받으면 기분이 좋아져요.

친구는 친구의 것을 자랑해서 나의 관심을 받으면 기분이 좋아져요.

자랑을 하고 서로의 말을 잘 들어 주면 다음에 같이 사이좋게 놀 수
도 있어요.

이것은 참 좋은 행동이랍니다.

| 동기 슬기는 친구의 이야기를 그만 듣고 싶을 때 끝내는 방법을 알고 있을까요?

| 목적 친구와 이야기를 하다가 그만하고 싶은지 생각하고 끝내기 인사를 할 수 있도록 합니다.

| 질문 예 "친구가 다가와 이야기를 해요. 이럴 때 슬기는 어떻게 하면 좋을까요?"
　　　　　 "친구와 이야기를 그만하고 싶어요. 이럴 때 슬기는 어떻게 말하면 좋을까요?"

나는 별님반에 있어요.

친구가 다가와서 나에게 이야기해요.

나는 친구의 이야기를 가만히 들어요.

가만히 이야기를 들으면 친구가 무엇에 대해 이야기하는지 알 수 있어요.

친구는 공룡인형에 대해서 말하고 있어요.

나는 친구의 말이 끝날 때까지 잠시 기다려요.

이럴 때는 고개를 끄덕이는 것도 좋아요.

친구의 이야기가 끝났어요.

나는 친구에게 공룡인형에 대해 물어봐요.

"공룡 이름이 뭐야?"라고 물어볼 수 있어요.

친구는 나에게 대답해요.

친구는 내가 공룡에 대해 물어봐서 기분이 좋아요.

친구의 이야기에 대해 물어보는 것은 친구에게 관심이 있다는 것이에요.

대부분의 사람은 관심을 받으면 기분이 좋아져요.

잠시 후 친구의 공룡 이야기를 듣는 것이 신나지 않아요.

나는 공룡 이야기를 그만하고 싶은지 생각해요.

나는 공주 드레스를 입는 놀이가 하고 싶어요.

나는 친구에게 "공룡 이야기 정말 재미있었어. 나는 공주 드레스 입으러 가고 싶어. 다음에 보자."라고 말해요.

이것은 이야기 끝내기 인사라고 해요.

이것은 참 중요한 행동이에요.

34 이야기를 그만 듣고 싶을 때
친구의 이야기를 그만 듣고 싶을 때 끝내기 인사를 할 수 있습니다.

페이지
4/5

　　이야기 끝내기 인사를 듣고 친구는 내가 이야기를 그만하고 싶은 것을 알 수 있어요.

　　친구가 "그래."라고 말해요.

　　친구는 손을 흔들거나 미소를 지을 수도 있어요.

　　이것은 이야기를 그만해도 좋다는 뜻일 수 있어요.

　　이야기 끝내기 인사를 들은 친구는 이야기가 끝나도 기분이 나쁘지 않아요.

34 이야기를 그만 듣고 싶을 때
친구의 이야기를 그만 듣고 싶을 때 끝내기 인사를 할 수 있습니다.

페이지
5/5

때때로 친구와 이야기를 하다가 이야기를 그만하고 싶을 때가 있어요.

이야기가 재미없을 때 이야기를 그만하고 싶을 수 있어요.

다른 놀이가 하고 싶을 때 이야기를 그만하고 싶을 수 있어요.

이야기 끝내기 인사는 내가 친구에게 이야기를 그만하고 싶은 것을 알리는 것이에요.

이야기 끝내기 인사를 하지 않으면 친구의 기분이 불편할 수 있어요.

나는 이야기를 그만하고 싶을 때 친구에게 이야기 끝내기 인사를 하도록 노력할 거예요.

이것은 참 좋은 행동이랍니다.

35 이야기를 그만 듣고 싶은지 묻기
친구가 이야기를 그만 듣고 싶은지 물어봄으로 친구를 배려할 수 있습니다.

페이지
1/5

Ⅰ **동기** 슬기는 친구가 이야기를 그만 듣고 싶어 하는지 알 수 있을까요?

Ⅰ **목적** 친구가 이야기를 그만 듣고 싶은지 묻고 끝내기 인사를 할 수 있도록 합니다.

Ⅰ **질문 예** "이야기를 하는데 친구가 불편한 표정을 지어요. 슬기는 어떻게 말하면 좋을까요?"
　　　　"친구가 이야기 끝내기 인사를 해요. 슬기는 어떻게 인사하면 좋을까요?"

나는 별님반에서 그림을 그리고 있어요.

친구가 나에게 다가와요.

오늘 처음 만나는 친구와는 인사 주고받기를 해요.

인사 주고받기 후에는 친구와 이야기를 해도 좋아요.

나는 친구에게 내가 하는 일에 대해서 말해요.

나는 "이건 공주 그림이야."라고 말해요.

친구는 나에게 대답해요.

대답을 들으면 친구에게 그림에 대해 더 이야기할 수 있어요.

35 이야기를 그만 듣고 싶은지 묻기
친구가 이야기를 그만 듣고 싶은지 물어봄으로 친구를 배려할 수 있습니다.

페이지
2/5

나는 친구에게 신나게 이야기를 해요.

잠시 후 친구가 이야기에 관심이 없어질 수 있어요.

사람들은 이야기에 관심이 없어지면 이야기하는 사람을 보지 않을 수 있어요.

사람들은 이야기에 관심이 없어지면 방 안을 둘러볼 수 있어요.

사람들은 이야기에 관심이 없어지면 불편한 표정을 지을 수 있어요.

나는 친구가 나의 이야기에 관심이 없는지 알고 싶어요.

이것은 참 좋은 생각이에요.

35

이야기를 그만 듣고 싶은지 묻기
친구가 이야기를 그만 듣고 싶은지 물어봄으로 친구를 배려할 수 있습니다.

페이지
3/5

이럴 때는 친구에게 "더 이야기해도 될까?"라고 물어봐요.

친구는 나를 보면서 "그래, 좋아."라고 대답해요.

이럴 때는 이야기를 계속해도 좋아요.

친구에게 "다른 이야기 할까?"라고 말해도 좋아요.

친구는 나를 보면서 "자동차 이야기하자."라고 대답할 수 있어요.

이럴 때는 자동차 이야기를 계속해도 좋아요.

이것은 친구를 배려하는 것이에요.

때때로 친구는 나에게 "아니, 다음에 하자."라고 말할 수 있어요.

이것은 친구가 이야기 끝내기 인사를 하는 것이에요.

이야기 끝내기 인사는 친구가 이야기를 그만하자는 뜻일 수 있어요.

이럴 때는 이야기를 그만해요.

친구에게 "그래, 이야기 재미있었어."라고 말해도 좋아요.

35

이야기를 그만 듣고 싶은지 묻기
친구가 이야기를 그만 듣고 싶은지 물어봄으로 친구를 배려할 수 있습니다.

페이지
5/5

친구와 이야기를 하다가 친구가 나의 이야기에 관심이 없어질 수 있어요.

이럴 때는 이야기를 그만하고 이야기 끝내기 인사를 하는 것이 좋아요.

이것은 친구를 배려하는 것이에요.

이야기 끝내기 인사를 하면 친구는 기분이 좋아요.

이야기를 하면서 친구를 배려하면 다음에 더 사이좋게 놀 수 있어요.

이것은 참 좋은 행동이랍니다.

| 동기   슬기는 친구와 같이 놀고 싶을 때 어떻게 해야 하는지 알고 있을까요?

| 목적   같이 놀고 싶은 친구에게 물어보는 방법을 알 수 있도록 합니다.

| 질문 예   "그림 속 친구는 별님반 누구 같아요?"

"같이 놀고 싶은 친구에게 어떻게 말하면 좋을까요?"

"친구가 바쁘다고 할 때 어떻게 하면 좋을까요?"

| 출처 및 참고   이정미 역(2008: 113-117).

나는 별님반에 왔어요. 별님반에 오면 놀고 싶은 게 많아요.

나는 무슨 놀이를 하고 싶은지 생각해요.

나는 스머프 게임을 하고 싶어요.

스머프 게임은 친구와 함께하면 더 신나요.

나는 스머프 게임을 들고 친구에게 다가가요.

친구가 나를 쳐다볼 때까지 기다려요.

이것은 참 좋은 행동이에요.

기다리는 것은 친구를 배려하는 것이에요.

친구가 나를 봤어요.

나는 친구를 향해 "나랑 같이 놀래?"라고 물어봐요.

이것은 참 좋은 말이에요.

다른 사람에게 같이 놀자고 할 때는 웃는 얼굴이 좋아요.

웃는 얼굴은 함께 놀고 싶은 것을 친구에게 보여 주는 것이에요.

친구는 내가 같이 놀고 싶어 한다는 것을 알게 돼서 기분이 좋아요.

친구는 "좋아."라고 대답해요.

나는 친구가 대답해 줘서 기분이 좋아요.

친구와 같이 스머프 게임을 해요.

나는 친구와 게임을 해서 기분이 좋아요.

때때로 친구가 "아니, 난 바빠."라고 대답할 수 있어요.

친구가 "아니, 지금은 안 돼. 다음에 놀자."라고 말할 수도 있어요.

이것은 친구가 지금은 같이 놀 수 없다는 뜻이에요.

나는 친구에게 화내지 않아요.

친구에게 화내지 않으면 다음에 같이 놀 수도 있어요.

이것은 매우 중요해요.

친구에게 "안 돼."라는 말을 들어서 화가 날 때는 변화를 생각해요.

신호등은 빨간색에서 초록색으로, 초록색에서 빨간색으로 변해요.

기분이 나쁠 때는 기분 좋은 일을 생각해요.

내가 좋아하는 다른 친구에게 놀자고 하는 것도 좋아요.

다른 친구와 놀 수 있으면 기분이 좋아질 수 있어요.

원래 그런 거랍니다.

| 동기   슬기는 친구들이 모여 있을 때 같이 놀고 싶은 친구에게 놀자고 말하는 방법을 알까요?

| 목적   같이 놀고 싶은 친구에게 물어보는 방법을 알 수 있도록 합니다.

| 질문 예   "그림 속 친구들은 별님반 누구 같아요?"

　　　　　"같이 놀고 싶은 친구에게 어떻게 말하면 좋을까요?"

| 출처 및 참고   이정미 역(2008: 119-124).

나는 유치원 놀이터에 있어요.

놀이터에는 별님반 친구들이 함께 있어요.

친구들 중에 하은이를 봤어요.

하은이는 친구들과 공놀이를 하고 있어요.

나는 하은이와 같이 공놀이를 하고 싶어요.

나는 하은이와 같이 놀고 있는 친구들과 놀아도 되는지 궁금해요.

나는 공놀이 하는 친구들에게 다가가 잠시 기다려요.

이것은 친구를 배려하는 것이에요.

친구들을 방해하지 않고 기다리는 것은 참 좋은 행동이에요.

하은이와 친구들이 나를 봤어요.

나는 친구들에게 "같이 놀아도 돼?"라고 물어봐요.

이것은 참 좋은 말이에요.

친구들은 내가 같이 놀고 싶어 하는 것을 알 수 있어요.

친구들은 "좋아."라고 대답해요.

나는 친구들과 함께 놀아요.

나는 함께 놀 수 있어서 기분이 좋아요.

때때로 어떤 친구는 "싫어."라고 말할 수 있어요.

또는 "아니, 지금은 안 돼. 다음에 놀자."라고 말할 수도 있어요.

이것은 친구가 지금은 같이 놀 수 없다는 뜻이에요.

나는 친구에게 화내지 않아요.

친구에게 화내지 않으면 다음에 같이 놀 수도 있어요.

이것은 매우 중요해요.

친구에게 "안 돼."라는 말을 들어서 화가 날 때는 변화를 생각해요.

신호등은 빨간색에서 초록색으로, 초록색에서 빨간색으로 변해요.

기분이 나쁠 때는 기분 좋은 일을 생각해요.

내가 좋아하는 다른 친구에게 놀자고 하는 것도 좋아요.

다른 친구와 놀 수 있으면 기분이 좋아질 수 있어요.

원래 그런 거랍니다.

| 동기　슬기는 친구가 같이 놀고 싶어 한다는 것을 어떻게 알 수 있을까요?

| 목적　친구가 다가와 같이 놀고 싶다고 할 때 적절히 대답할 수 있도록 합니다.

| 질문 예　"친구가 다가와 같이 놀자고 해요. 슬기는 뭐라고 말하면 좋을까요?"
　　　　　"친구가 다가왔지만, 혼자서 더 놀고 싶어요. 이럴 때 뭐라고 말하면 좋을까요?"

나는 별님반에 왔어요.

별님반에 오면 새로운 게임이 많아요.

나는 무슨 게임을 하고 싶은지 생각해요.

공룡알 게임을 봤어요.

나는 공룡알 게임을 가져와서 놀아요.

공룡알 게임은 너무 재미있어요.

공룡알 게임은 친구와 같이해도 재미있어요.

친구가 나에게 다가와요.

친구가 나에게 "슬기야, 나도 공룡알 게임하고 싶어."라고 말해요.

이것은 친구가 나와 놀고 싶다는 뜻이에요.

나는 친구를 쳐다봐요.

나는 친구를 향해 "그래, 같이 놀자."라고 대답해요.

이것은 참 좋은 행동이에요.

38 친구가 나에게 같이 놀자고 할 때 대답하기
친구가 나와 같이 놀자고 할 때 대답할 수 있습니다.

페이지
3/5

다른 사람이 같이 놀자고 할 때는 그 사람을 보며 웃는 얼굴을 하는 것이 좋아요.

웃는 얼굴은 함께 놀고 싶은 것을 친구에게 보여 주는 것이에요.

친구는 내가 같이 놀고 싶어 하는지 알게 돼서 기분이 좋아요.

친구는 내가 대답해 줘서 기분이 좋아요.

친구와 같이 공룡알 게임을 해요.

나는 친구와 게임을 해서 기분이 좋아요.

38 친구가 나에게 같이 놀자고 할 때 대답하기
친구가 나와 같이 놀자고 할 때 대답할 수 있습니다.

페이지
4/5

때때로 친구와 같이 놀고 싶지 않을 때도 있어요.

나는 "아니, 지금은 안 돼. 다음에 놀자."라고 대답할 수 있어요.

이럴 때는 친구에게 상냥하게 말해요.

친구에게 상냥하게 말하는 것은 친구를 배려하는 것이에요.

친구에게 상냥하게 말하면 다음에 사이좋게 놀 수도 있어요.

이것은 매우 중요해요.

새로운 게임을 보면 너무 재미있어요.

친구와 같이 새로운 게임을 하면 더 재미있게 놀 수도 있어요.

친구가 다가와 새로운 게임을 가르쳐 줄 수도 있어요.

새로운 게임을 친구와 하면 더 사이가 좋아질 수 있어요.

나는 친구가 다가와 나에게 같이 놀자고 할 때 상냥하게 대답할 수 있어요.

| 동기 슬기는 양보가 서로 기분 좋은 일이라는 것을 알고 있을까요?

| 목적 여러 가지 경우의 양보를 생각하여 배울 수 있도록 합니다.

| 질문 예 "그림에서 무슨 일이 생긴 걸까요?"   "친구가 슬기에게 뭐라고 말하고 있을까요?"

"이럴 때 슬기는 어떻게 말하면 좋을까요?"   "양보가 어려울 때 어떻게 하면 좋을까요?"

나는 양보에 관해 배우고 있어요.

양보는 사람들을 기분 좋게 해 주어요.

유치원에서 친구와 소꿉놀이를 해요. 나는 앞치마를 입고 싶어요.

나는 "내가 앞치마 입을게."라고 말해요.

친구도 "나도 앞치마 입고 싶어."라고 말해요.

이럴 때는 양보를 연습할 수 있어요.

나는 친구에게 "앞치마 입어."라고 말해요.

이것은 친구에게 양보를 한 것이에요.

친구는 내가 양보를 해 주어서 기분이 좋아요.

양보는 사람들을 기분 좋게 해 주어요.

양보를 하면 더 사이좋게 놀 수 있어요.

친구들이 나에게 양보할 때도 있어요.

나는 그네를 타고 싶어요.

친구가 그네를 타고 있어요.

나는 친구에게 "나도 그네 타고 싶어."라고 말해요.

친구는 "그래."라고 말하고 비켜 줘요.

이것은 친구가 나에게 그네를 양보한 것이에요.

나는 친구가 양보를 해 주어서 기분이 좋아요.

양보는 사람들을 기분 좋게 해 주어요.

양보는 내 것을 주는 경우도 될 수 있어요.

양보는 내 차례를 주는 경우도 될 수 있어요.

양보는 다른 많은 경우가 있을 수 있어요.

때때로 다른 사람이 나에게 양보를 보여 줄 수 있어요.

양보는 사람들을 서로 기분 좋게 해 주어요.

때때로 양보가 어려울 때도 있어요.

이럴 때는 괜찮아요.

엄마나 선생님이 도와주실 거예요.

나는 양보를 배워 가고 있어요.

나는 양보를 하도록 노력할 수 있어요.

| 동기　슬기는 양보하고 기다리며 타협하는 과정을 알고 있을까요?

| 목적　양보를 하고 나서 기다리며 타협하는 과정을 배울 수 있도록 합니다.

| 질문 예　"슬기가 무엇을 하고 싶어 할까요?"
　　　　　"친구가 슬기에게 뭐라고 말하고 있을까요?"
　　　　　"이럴 때 슬기는 어떻게 말하면 좋을까요?"

| 출처 및 참고　이정미 역(2008: 129-133).

별님반에서 친구들과 게임을 하면 신이나요.

나는 친구와 사다리 게임을 같이하고 싶어요.

나는 친구에게 다가가 "사다리 게임 같이하자."라고 물어봐요.

친구의 대답을 기다려요.

이것은 참 좋은 행동이에요.

친구는

"나는 공룡알 게임하고

싶어."라고 말해요.

이럴 때는 양보를 하는 것이 좋아요.

나는 친구에게 "이렇게 하자. 공룡알 게임하고 나서 사다리 게임하자."라고 말해요.

이럴 때는 상냥한 목소리로 말하는 것이 좋아요.

이것은 친구를 배려하는 것이에요.

친구는 "그래, 좋아."라고 말해요.

나는 친구와 같이 공룡알 게임을 해요.

친구의 기분이 좋아요.

나도 기분이 좋아요.

친구가 하고 싶은 것을 먼저 하면 친구의 기분이 좋아져요.

기다리면 다음에 내가 하고 싶은 것을 할 수 있어요.

이것은 배려하는 행동이에요.

공룡알 게임이 끝났어요.

나는 친구에게 "이제 사다리 게임하자."라고 말해요.

이것은 참 좋은 말이에요.

친구는 내가 사다리 게임을 하고 싶어 하는지 알 수 있어요.

친구는 "그래, 좋아."라고 대답해요.

나는 친구와 같이 사다리 게임을 해요.

나는 기분이 좋아요.

친구도 기분이 좋아요.

때때로 친구가 하고 싶은 놀이와 내가 하고 싶은 놀이가 다를 때가 있어요.

이럴 때는 배려를 생각해요.

친구에게 놀이를 양보하는 것은 배려를 하는 것이에요.

양보를 하고 나서 기다리면 그 다음에 내가 좋아하는 것을 할 수 있어요.

친구에게 배려하면 다음에 더 사이좋게 놀 수 있어요.

이건 정말 좋은 행동이랍니다.

 슬기와 함께한 '사회상황 이야기'를 이렇게 모아서 책까지 만들다니 신기하기만 합니다. 슬기의 사회적 행동 개선을 간절히 바라는 바로 그 순간에 만났던 사회상황 이야기는 정말 보석과 같았습니다. '사회상황 이야기'를 읽어 주면서 보였던 슬기의 변화들은 일상의 작은 성취 하나하나가 얼마나 감사한 일인지 깨닫는 순간들이었습니다. 이름을 부를 때 얼굴을 봐 주고, 이야기를 들을 때 웃는 얼굴을 하고, 인사를 하루에 한 번만 할 수 있게 되고, "미안해."라는 말을 낮은 목소리로 할 수 있게 되는 것들, 그 하나하나가 기쁨의 순간들이었습니다. 지금도 슬기와 함께 일상을 새롭게 보며 날마다 행복한 변화를 기대하게 됩니다.

 이제는 사회상황 이야기를 읽자마자 그 매력에 빠져들어 머릿속 가득 사회상황 이야기로 가득 찼던 하루하루를 뒤로 하고 슬기가 새로운 모습으로 한걸음씩 앞으로 나아가고 있는 것을 보고 있습니다. 매사에 대안행동을 제시하면 그대로 수행하던 아이에서 스스로 판단하고 선택하고 해결을 찾아내려고 합니다. 때로는 슬기의 선택을 기다려야 할 때 그 융통성 없음에 매우 답답할 때도 있습니다. 하지만 엄마가 일일이 대안행동을 제시하지 않고 슬기가 스스로 해결책을 찾아내고는 만족감 가득한 표정을 보여 주는 날에는 그 반짝임에 감동하게 됩니다.

 무표정으로 일관되었던 시절이 아직도 생생한데 보람을 느끼며 뿌듯해하는 표정을 지을 줄 아는 슬기는 놀라움 자체입니다. 그것이 비록 양치질할 때 칫솔에서 치약이 떨어지면 웃으면서 새로 치약을 짠다거나 서랍에 입어야 할 속옷이 없는 경우 빨랫줄에 가서 속옷을 찾아오는 등의 아주 사소한 일들이라고는 하나 엄마 눈에는 그것이 무엇과도

비교할 수 없는 감동의 순간들입니다. 때때로 엄마를 쳐다보며 "엄마 사랑해요!"를 말하고 "새 계명을 너희에게 주노니 서로 사랑하라."는 말씀을 암송해서 '서로 사랑하라' 고 격려를 해 줄 때는 마음이 감사함으로 먹먹해집니다. 이전의 많은 돌발상황으로 느꼈던 두려움과 불안이 때때로 몰려오는 순간도 없지는 않으나, 이전과 달리 우리 가족 모두 성장하는 슬기의 힘을 굳게 믿게 되었습니다.

요즘 슬기의 관심사는 이야기책 만들기입니다. 각종 동화와 일상의 일들을 섞어 만든 이야기는 슬기를 늘 지켜보는 가족이 아니면 즐기기 어려운, 우리 가족만의 즐거움입니다.

"자, 신사숙녀 여러분! 이야기 시간이 시작되었습니다. 자리에 앉아 주세요! 슬비, 엄마, 할머니, 아빠 모두 모이세요!"

가족을 불러 놓고 자신이 그린 삽화에 이야기를 만들어 가족에게 들려줍니다. 이야기가 그날그날 바뀌며 나날이 완성도 높은 이야기책이 되어 가고 있습니다. 그림을 보여 주며 가족에게 즐겁게 이야기하는 슬기를 보면서 어쩌면 언젠가 슬기가 자신의 '사회상황 이야기'를 직접 만들어 자신의 세계를 맘껏 보여 줄 수 있는 날이 올지도 모르겠다는 기대를 하게 됩니다. 자서전뿐 아니라 뇌를 찍어 가면서 자신을 알리며 많은 자폐성 장애인을 둔 가족에게 도움을 주고 있는 Temple Grandin처럼요. 언젠가 슬기도 자신의 이야기를 읽어 주며 '그래, 난 잘하고 있어!'라고 하던 엄마의 모습 그대로 슬기도 반짝이는 자신의 있는 그대로의 모습을 보여 줄 것이라고 기대합니다.

읽어 주셔서 감사합니다.

슬기가 들려주는 이야기
'슬기의 이야기책'

1. 슬기의 '인어공주' 이야기

　슬기의 '인어공주' 이야기는 슬기가 인어공주 이야기책을 만든 것입니다. 슬기는 종종 동화를 듣고 나면 순식간에 삽화를 그리고 나서 "됐다!"라고 말하곤 합니다. 기분이 좋으면 가족을 불러 모아서 이야기책 발표 시간을 가지기도 합니다. 엄마는 슬기가 동화를 잘 이해하고 있다는 기특한 마음과 이해한 것을 그림으로 표현하며 기뻐하는 슬기의 모습에 감탄하며 하루하루를 보내고 있습니다.

그림	슬기가 들려준 이야기
	이야기는 인어공주! 옛날 옛날에 공주 프리큐어가 있었어요.
	인어공주는 배를 탄 왕자를 봤어! 아! 멋지다!
	배가 부숴졌어! 이것 봐! 하나, 둘, 셋, 넷, 다섯, 여섯, 일곱 개로! 옷도 없어졌어! 어떡해~ 바지 입어요, 왕자님!

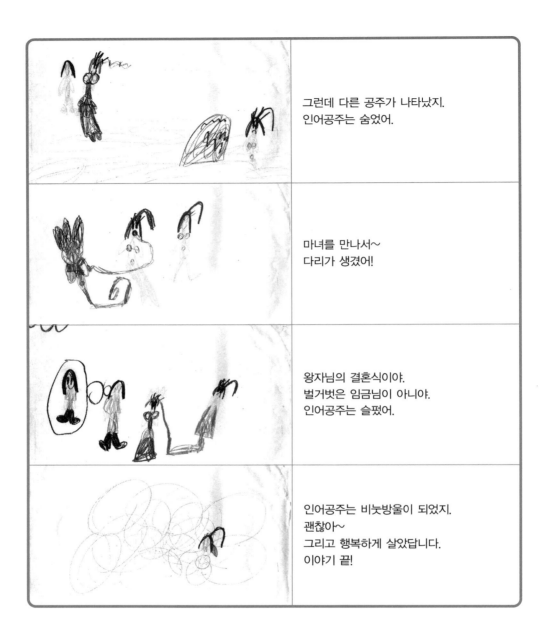

그런데 다른 공주가 나타났지.
인어공주는 숨었어.

마녀를 만나서~
다리가 생겼어!

왕자님의 결혼식이야.
벌거벗은 임금님이 아니야.
인어공주는 슬펐어.

인어공주는 비눗방울이 되었지.
괜찮아~
그리고 행복하게 살았답니다.
이야기 끝!

2. 슬기의 '먹고먹고먹고' 이야기

슬기의 '먹고먹고먹고' 이야기는 슬기가 미피 동화책을 읽고 나서 그린 이야기책입니다. 자신의 경험과 동화책의 내용이 섞여서 황당하지만 유쾌한 이야기가 되었습니다. 야채를 자꾸 먹으라고 하는 엄마에게 무슨 메시지를 전달하고 싶었는지도 모르겠습니다. 집에 있는 이면지에 그린 그림이라서 깔끔하지 않은 점 이해해 주세요.

참고로 슬기는 사회상황 이야기 중재를 시작할 당시에 글자를 읽거나 쓰지 못했습니다. 사회상황 이야기와 오디오북을 들으면서 관심 있는 글자들에 색칠을 하기도 하고 따라서 그리면서 스스로 글자를 익혀 나가는 것도 볼 수 있었습니다. 자신이 그린 이야기책에 종종 글자를 쓰기도 해서 엄마를 놀라게 하고 있습니다.

그림	슬기가 들려준 이야기
	이야기 제목은 먹고먹고먹고~ 지은이는 푸루키키, 출판사는 새파리~ 먹고먹고먹고~ 옛날 옛날에 아주 먼 옛날에 토끼와 동생 토끼가 살고 있었습니다. 토끼는 슬펐어! 토끼는 나뭇잎 먹었어요.
	해가 졌습니다. 그리고 또 토끼는~ 토끼는~ 많은 풀을 먹고 있었습니다. 먹고먹고먹고~

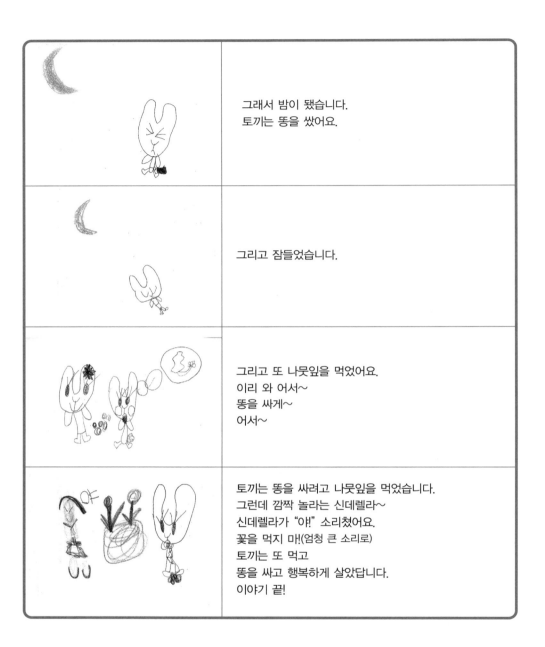

그래서 밤이 됐습니다.
토끼는 똥을 쌌어요.

그리고 잠들었습니다.

그리고 또 나뭇잎을 먹었어요.
이리 와 어서~
똥을 싸게~
어서~

토끼는 똥을 싸려고 나뭇잎을 먹었습니다.
그런데 깜짝 놀라는 신데렐라~
신데렐라가 "야!" 소리쳤어요.
꽃을 먹지 매(엄청 큰 소리로)
토끼는 또 먹고
똥을 싸고 행복하게 살았답니다.
이야기 끝!

문소영(2015). 가정에서 실행한 사회상황 이야기 중재가 자폐아동의 사회적 상호작용에 미치는 영향. 가톨릭대학교 교육대학원 석사학위논문.

박성혜(2009). 손인형을 활용한 사회상황 이야기 활동이 자폐성 중학생의 자발적인 의사소통에 미치는 영향. 용인대학교 교육대학원 석사학위논문.

박현옥(2006). 장애아동의 발달단계와 교육과정에 근거한 사회상황 이야기 개발 및 적용 효과 검증: 일반교육 프로그램 내에 통합된 장애아동의 사회적 적응 지원을 중심으로. 한국연구재단 연구성과물.

서동숙(2010). 화용적 전제의 사회적 사회상황 이야기 중재가 자폐아동의 사회적 의사소통 능력에 미치는 효과. 대구대학교 재활과학대학원 석사학위논문.

신은(2011). 사회상황 이야기 중재가 자폐성 장애 유아의 사회적 상호작용에 미치는 영향. 대구대학교 특수교육대학원 석사학위논문.

이소라, 문현미(2011). 비디오 자기모델링을 통합한 사회상황 이야기 중재가 자폐성 장애 아동의 의사소통기술에 미치는 영향. **정서·행동장애연구, 27**(1), 77-99.

이승희(2010). **특수교육평가**(2판). 서울: 학지사.

이안나, 김은경(2012). 기능평가에 근거한 사회상황 이야기 중재가 고기능 자폐성 장애 초등학생의 문제행동 및 대체행동에 미치는 영향. **특수교육저널: 이론과 실천, 13**(2), 65-93.

이정미 역(2008). **자폐아동을 위한 사회성 이야기 그림책−의사소통과 놀이, 감정 가르치기** [*Social skills training: For children and adolescents with Asperger Syndrome and social-communication problems*]. J. Baker 저. 서울: 시그마프레스. (원저는 2001년에 출간).

이정원(2002). 어머니의 글 없는 그림책 읽기 중재가 자폐아동의 생각의 원리에 미치는

영향: 심리적 상태 관련 발화를 중심으로. 이화여자대학교 대학원 석사학위논문.

전인순, 정대영(2011). 멀티미디어 기반의 또래 모델링–상황이야기 중재가 자폐성 장애 학생의 사회적 의사소통행동 및 문제행동에 미치는 영향. **정서 · 행동장애연구, 27**(3), 235-267.

Bernad-Ripoll, S. (2007). Using a self-as-model video combined with Social Stories™ to help a child with asperger syndrome understand emotions. *Focus on Autism and Other Developmental Disabilities, 22*(2), 100–106.

Gray, C. A., & Garand, J. D. (1993). Social stories: Improving responses of students with accurate social information. *Focus on Autistic Behavior, 8*(1), 1–10.

Gray, C. A. (1994). *The new social story™ book*. Arlington, TX: Future Horizons.

Gray, C. A. (1995). *Social stories unlimited: Social stories and comic strip conversations*. Jenison, MI: Jenison Public Schools.

Gray, C. A. (2000). *The new social story book: Illustrated edition*. Arlington, TX: Future Horizons.

Gray, C. A. (2004). Social Stories™ 10.0: The new defining criteria and guidelines: Creative ideas in practice. *Jenison Autism Journal, 15*, 2–21.

Gray, C. A. (2010). *The new social story™ book* (rev. ed.). Arlington, TX: Future Horizons.

Litras, S., Moore, D. W., & Anderson, A. (2010). Using video self-modeled social stories to teach social skills to a young child with autism. *Autism Research and Treatment*, Article ID 834979. doi:10.155/2010/834979

Poortvliet, D. (2000). Happiness is a good feeling. In C. A. Gray (Ed.), *The new social story™ book* (rev. ed.) Arlington, TX: Future Horizons.

Wendt, J. (2000). How to make someone happy. In C. A. Gray (Ed.), *The new social story ™ book* (rev. ed.) Arlington, TX: Future Horizons.

저자 소개

문소영 (Moon, So Young)

한국교원대학교에서 수학교육을 전공하여 교사로 재직 중이며, 자폐성장애 자녀를 양육하다 가톨릭대학교 교육대학원에서 특수교육을 배운 후 자폐성장애 아동의 교육에 관심을 가지고 계속 공부하고 있다.

이메일: bawi2002@hotmail.com

이상훈 (Lee, Sang Hoon)

대구대학교 대학원 특수교육학과에서 정서·학습장애아 교육을 전공했으며, 현재 가톨릭대학교 특수교육과에 재직 중이다. 정서·행동장애 및 자폐성장애 아동 교육과 중등 특수교사 양성에 관심을 가지고 연구하고 있다.

이메일: hlee@catholic.ac.kr

자폐아동과 함께하는
사회상황 이야기

The Social Story for My Child
with Autism Spectrum Disorder
-Guide to Parents and Professionals-

2016년 10월 20일 1판 1쇄 발행
2024년 6월 20일 1판 6쇄 발행

지은이 • 문소영 · 이상훈
펴낸이 • 김 진 환
펴낸곳 • (주) **학지사**
　　　　04031 서울특별시 마포구 양화로 15길 20 마인드월드빌딩 5층
대표전화 • 02) 330-5114　　팩스 • 02) 324-2345
등록번호 • 제313-2006-000265호

홈페이지 • http://www.hakjisa.co.kr
인스타그램 • https://www.instagram.com/hakjisabook

ISBN 978-89-997-1089-6 93370

정가 15,000원

출판미디어기업 **학지사**

간호보건의학출판 **학지사메디컬** www.hakjisamd.co.kr
심리검사연구소 **인싸이트** www.inpsyt.co.kr
학술논문서비스 **뉴논문** www.newnonmun.com
원격교육연수원 **카운피아** www.counpia.com
대학교재전자책플랫폼 **캠퍼스북** www.campusbook.co.kr